KB211992

보이지 않는 노동자들

경계 없는 노동,
흔들리는 삶

이승윤 지음

문학동네

차례

책머리에
불안정노동자들의 삶을 좇다, 그 유동하는 세계를 해부하다 7

1부 격랑의 노동현장, 준비되지 않은 사회

1. 시간과 돈, 모두 부족한 이중빈곤자　　　　　　21

2. 새벽노동, 퇴행적 혁신　　　　　　　　　　　33

3. 산재사고 이후, 남겨진 사람들　　　　　　　45

4. 화물연대 파업과 '가짜 자영업자'　　　　　　54

2부 노동자가 쓰러진다, 어제도 오늘도 내일도

5. 아프니까 가난이다　　　　　　　　　　　　69

6. 공업도시 울산으로　　　　　　　　　　　　83

7. 해고, 추락의 시작　　　　　　　　　　　　92

8. 아이들이 먹는 밥이 누군가의 삶을 담보로 한다면　107

3부 청년노동, 누가 무엇을 말하는가?

9. 청년과 'MZ' 사이   119

10. 매우 불안정한 삶 vs. 불안정하지 않은 삶   134

11. 청년 담론에서 '계급'이 지워질 때   142

12. '시그니처 정책'이라는 주문   152

4부 경계에서의 고민

13. 학자는 왜 무지한가   165

14. 한국에서 여성 연구자로 산다는 것   175

15. 연구자의 쓸모   186

16. 주류 학자집단에 속한다는 것   196

17. 연구 대상자와 연구자 사이   205

연구 노트: 불안정노동의 다양성과 액화노동   213

미주   237

불안정노동자들의 삶을 좇다,
그 유동하는 세계를 해부하다

이 책의 교정지를 받을 무렵, 나는 중국 광저우의 두 얼굴을 목격하고 막 돌아온 참이었다. 한편으로는 첨단 기술과 화려한 고층빌딩을 자랑하는 선진 도시의 모습을, 다른 한편으로는 농민공들의 불안정하고 위태로운 삶의 모습을. 중국산 전기차가 누비는 깨끗한 거리와 전자 결제만 가능한 현대화된 상점들 옆에, 수많은 불안정노동자가 모여드는 거대한 블록이 한 도시에 병존하는 모순적 풍경이었다.*

소비자들에게 신속한 배송을 약속하는 온라인 플랫폼들은 국경을 초월해 주문을 받자마자, 언제든 일할 준비가 된 '유연한' 농민공들에게 작업을 빠르게 분배했다. 건당 수수료는 '유동적'

---

* 내가 방문한 것은 2024년 9월이었는데, 공식 발표 통계에 따르면 매해 9월 광저우에 모여드는 농민공은 평균적으로 60만여 명에 이른다고 한다.

으로 결정되었고, 사회안전망에서 배제된 이들은 오로지 더 많은 일감을 찾아 헤맸다. 하루 15시간, 2개월 연속 노동에 단 하루밖에 쉬지 못하는 중국 노동자들을 인터뷰하면서, 한국에서 봤던 중국의 거대 온라인 플랫폼 쉬인SHEIN의 광고가 떠올랐다.

기술 발전으로 확장된 플랫폼 경제의 이면에는, 언제든 대체 가능한 노동력으로 취급받는 수많은 불안정노동자들의 삶이 있었다. 건당 수수료를 받으며 더 빠르게, 더 많이 일하고자 하는 한국의 플랫폼노동자들의 모습과 이들의 모습이 겹쳐지면서, 오늘날 불안정노동의 전 지구적 확산을 실감할 수 있었다. 현대 노동시장의 구조적 변화와 일의 형태 변화, 그리고 노동자들의 새로운 불안정성을 여실히 보여주는 장면이었다.

나의 박사학위 주제는 한국, 일본, 대만의 비정규직 양상과 각 국가의 복지생산 체제가 어떤 연관성이 있는지에 대한 비교연구였다. 사회보장제도는 인간의 예측 가능한 생애 주기적 위험risk에 대하여 사회구성원들이 연대하여 대응해보겠다는 약속이다. 산업화 시기, 노동자의 전형화된 삶의 모습과 가족구조, 그리고 소위 '정상적' 생애 주기를 전제로 만들어진 사회정책이 변화하는 노동시장과 사회에 잘 맞지 않는다는 논의는 이미 서비스 경제가 확대되면서 대두하기 시작했다. 학위를 마치고, 나는 서비스 경제에서 비정규직이 어떻게 일하고 있고, 기존의 사회보장제도가 포괄하지 못하는 부분은 무엇인지 분석하는 연구를 한창 진행했다. 당시 천착했던 이론은 '이중 노동시장론'으로, 한국의 노동시장과 사회제도가 내부자와 외부자를 벌려놓는데, 이들의 위계화된 지위에 대한 해결책에 집중한 연구였다. 하지만 노동현장을 뒤쫓을수록 바로 앞에서 뭔가를 자꾸만 놓치는 느낌이 들었다. 조선소 하청업체 노동자, 콜센터 정규직 노동자, 화물차주인 자영업자와 택배 노동자. 수많은 노동자들을 미시적으로 관찰할수록 정규직과 비정규직, 대기업과 중소기업의 구분만으로는 노동자의 불안정성을 설명하는 데 한계가 있었기 때문이다. 이러한 의문은 쌍용자동차 정규직 노동자들의 집단해고 이후의 삶을 연구하면서 더 커졌다. 다양한 얼굴의 '불안정노동'을 관통하는 이론은 무엇일까. 불안정노동의 확산은 어떤 메커니즘으로 설명될 수 있을까.

우선 불안정노동자의 성격부터 살펴보자. 이들은 전통적 정규직 일자리와 미래를 계획할 수 있는 직장, 복지국가가 마련한 사회안전망, 무엇보다 정치적 목소리를 낼 수 있는 광장에서 떠밀려 난 이들이다. 이들을 가리키는 말로 프레카리아트precariat라는 용어가 쓰이기도 하는데 새롭게 부상한 불안정노동 계층인 이들은 아무때나 쉽게 쓰다 버릴 수 있는 '일회용' 노동력으로 취급받는다. 과거 노동자 계급(프롤레타리아트)은 자본주의 체제하에 노동력을 판매하며 임금을 받는 집단으로 정의되었다. 산업화 시기의 블루칼라 노동자들이 이에 해당한다. 그들 역시 본질적으로 고용과 소득의 불안정성에 노출되었지만, 노동계급의 정치적 노력, 사회안전망 구축, 법 제도 개선 등을 통해 어느 정도 인간다운 삶을 보장받을 수 있었다.

하지만 지난 몇십 년 동안 노동의 형태가 변하면서, '노동자 계급'이나 '프롤레타리아트'와 같은 전통적인 범주로는 설명하기 어려운 새로운 형태의 일이 등장했다. 외주화된 청소노동자, 콜센터 노동자, 아픈 노동자, 해고 노동자, 불안정한 청년노동자, 하청노동자, 프리랜서, 플랫폼노동자, 새벽 배달노동자, 소규모 사업장 노동자와 가짜 자영업자 등이 그 예다. 주목할 점은 불안정노동이 단순히 직종, 성별, 연령대 등에 의한 분류가 아니라 일의 특성에 따른 새로운 분류라는 것이다. 불안정노동자는 비정규직, 일일 노동자, 단기계약자뿐 아니라 유튜버, 크리에이터, 플랫폼노동자 등 신종 직종으로 그 범위가 확장되고 있다. 표면적으로 이들은 독립적인 자영업자나 프리랜서로 보이며, 자유롭고 창의적인 방식으로 노동하는 것처럼 보인다. 하지만 실상 이들은 불확실한 미래에 대한 두려움 속에서 쉼없이 일하며, 기본적 노동권이나 사회적 보호에 접근할 기회가 제한되고 적절한 소득을 보장받지 못하는 경우가 많다.

이러한 변화는 노동시장에서 새로운 사회·경제적 노동자 계층이 형성되고 있음을 암시한다. 이들의 노동이 초기에는 예외적인 형태로 여겨졌으나, 이제는 점차 전 지구적으로 확산되며 많은 이들의 보편적 생존 방식이 되어가고 있다. 학계에서는 불안정노동을 고용불안정, 소득 불규칙, 일터에서의 통제권 부재, 사회보장 접근성의 제한 등으로 개념화한다.

물론 전통적인 고용 관계에서 벗어나 자신의 능력을 상품화하는 노동자는 때로 조직 내 여느 직장인들보다 더 자율적으로 보이기도 한다. 그러나 이러한 외양과는 달리, 이상적 자율성과 독립성은 극소수만 누릴 수 있을 뿐, 대다수의 노동환경은 오히려 더 불안정하고 위험한 경우가 많다. 오늘날 불안정노동자가 누리는 자율성은 허구적이며, 보이지 않는 통제 아래 오히려 위태로운 생존 조건에 처해 있다.

이 책은 새로운 형태의 불안정성이 구체적으로 노동자들의 삶뿐만 아니라 그 가족들에게도 어떻게 영향을 미치는지를 추적한 연구 노트다. 지난 10년간의 불안정노동 연구를 바탕으로 한 이 책에서, 특히 나는 사회보장정책을 포함한 법 제도들이 노동자들을 보호하는 데 어떻게 실패하는지를 비판적으로 고찰한다.

한편으로는 대학이라는 공간에 물리적으로 '종속된' 채, 학생들에게 사회에 대한 문제의식을 가지도록 '주체성'을 지도하는 모순을 가늠해보고자 했다. 그리고 연구과정을 시민단체와 정책결정자, 정치인, 학계 등에 공유하는 과정에서 나에게 작동한 비공식적 규범에 대해서도 비판적으로 성찰해보고 싶었다. 불안정노동자의 현실과 분명히 다른 위치성을 갖는 나는 '연구'라는 지대에서 그들과 교차하였다. 비록 그들을 대변하지는 못하더라도, 연구가 진행되는 시공간이라는 경계에서 만남은 이뤄질 수 있었다. 이런 위치성의 차이로 인해 노동과 불평등을 연구하는 사람으로서 내가 적임자인가에 대해 꽤 오랫동안 회의감이 들었던 것도 사실이다. 하지만 한편으로는 '경계'에서 현상을 바라볼 때, 노동의 서사에서 조금 더 돌출되는 것들을 선명하게 포착할 수 있지 않을까 하는 희망을 품기도 했다. 무엇보다 노동자의 삶과 법 제도, 사회정책과의 관계를 풀어나가는 데 있어 그동안 천착해온 한국 노동시장과 사회정책, 그리고 국제비교에 관한 연구를 통해 유용한 해석을 시도할 수 있겠다고 생각했다.

책은 4부로 구성된다. 그 서막을 여는 1부 「격랑의 노동현장, 준비되지 않은 사회」에서는 현재 급격한 사회변화 속에서 한국의 불안정노동자들이 마주한 노동현장을 포착하는 데 집중했다. 불안정노동이 새롭게 부상하며 드러난 모순적인 양상은 간혹 내가 미로 속에 빠진 것 같은 착각마저 들게 했다. 예를 들어 열심을 다해 일할수록 시간빈곤과 소득빈곤 모두에 빠져든 불안정노동자는 빈곤에서 벗어날 실마리를 어디서부터 찾아야 할까? 다음으로는 '혁신'이라는 화려한 수사 뒤에 감춰진 노동의 퇴행을 들여다봤다. "개처럼 뛰는" 새벽 배달노동자들의 실상을 통해, 우리 사회가 내건 진보의 약속이 어떻게 빛바랜 허상에 지나지 않게 되었는지 가늠해본다. 이어 산업재해의 잇따른 고통을 다룬 장은 불안정노동의 막다른 골목에서 산재사고를 경험한 노동자, 그리고 지울 수 없는 상흔을 안고 살아가는 그 가족들의 이야기를 통해 우리 사회가 짊어져야 할 책무를 질문한다. 마지막으로 '자영업자'라는 이름 뒤에 숨겨진 종속성의 실체, 급변하는 노동지형 속에서 부상한 '모호한 지위'의 자영업자들이 어떤 곤경에 처했는지를 통해 새로운 불안정노동의 민낯을 그려보고자 했다.

2부 「노동자가 쓰러진다, 어제도 오늘도 내일도」는 불안정노동의 그림자가 노동자들의 삶 구석구석에 어떻게 스며드는지, 우리 사회안전망이 얼마나 허술하고 무력한지를 추적해본다. 2부 첫번째 장에서는 질병과 빈곤의 악순환을 파헤쳐보며, 누구나 겪을 수 있는 질병이 어떤 이들에게는 가난의 나락으로 떨어지는 재앙이 되는 과정을 고찰한다. 이어 한때 '번영의 상징'이었던 공업도시 울산이 어떻게 대규모 하청노동 시장을 형성하며 불안정노동자들을 양산하고 있는지 그 아이러니한 변모 과정을 포착해 보려 했다. 이어 불안정노동은 비정규직에게만 해당되는 위험이 아님을 쌍용자동차 '집단해고'를 통해 살펴보면서, 고용보험과 같은 실직자를 위한 제도가 제대로 기능하지 못하는 모습을 드러내보았다. 한순간의 해고가 제도의 실패와 만날 때 어떻게 개인과 가족 구성원 모두에게 고통을 전이시키는지, 불안정성의 전이성에 주목했다. 한편 여성 불안정노동자가 집중된 학교로도 눈을 돌려보았다. 그곳은 우리들의 자녀가 밥을 먹고 돌봄과 교육을 받는 공간이다. 한국 여성노동자의 노동시장 진입 확대와 공교육 서비스 확대의 뒤편에는 불안정노동자의 고용불안 등 열악한 노동조건이 엄연하게 존재하고 있었다. 특히 아이 대상의 사회서비스 확대가 어떻게 불안정노동 확대와 연결고리가 있는지, 여성 불안정노동을 중심으로 풀어보려 했다.

불안정노동자에 대한 연구를 진행하던 중, 예상치 못하게 발견한 점이 하나 있었다. 바로 청년층이 불안정노동 시장으로 주요하게 유입되는 현상이었다. 청년층은 노동시장에 새롭게 진입하는 집단으로 구조적 변화의 최전선에 있는데, 이들의 불안정성은 노동 연구에 있어 세대 변수를 고려하도록 재촉했다. 나의 학문적 관심은 2020년부터 청년 대상 사회정책 형성 과정에 직접 참여하면서 현실과 접점을 이루었다. 바로 청년정책조정위원회의 초대 부위원장으로 활동하며, 청년 정체성과 불안정노동 계급의 복잡다단한 교차점을 몸소 경험한 것이다. 3부 「청년노동, 누가 무엇을 말하는가?」는 이러한 배경하에 탄생했다. 이 부에서는 청년 불안정노동자들의 실상을 심층적으로 들여다보며, 동시에 청년정책조정위원회 활동을 통해 얻은 통찰과 고민을 녹여냈다. 특히 청년세대 내부의 양극화 현상, 즉 '청년'이라는 범주 안에 존재하는 극명한 격차와 그 원인을 고민해봤다. 한창 유행하던 MZ세대론만으로는 세대 내 격차를 설명할 수 없던 점도 연구를 이어간 배경이다. 과연 이 담론이 청년의 실제 모습을 얼마나 반영하는지, 또 어떤 부분을 왜곡하고 있는지 비판적으로 관찰하면서, 청년이라는 세대와 특정 계급의 교차점에서 이들이 겪는 어려움이 어떻게 중첩되고 상호작용하는지 밝히려 했다.

마지막 4부 「경계에서의 고민」은 연구자로서 성찰과 학문적 고뇌를 담아냈다. 이 장에서 나는 불안정노동에 대한 연구결과를 나열하는 것을 넘어, 연구과정에서 마주한 다양한 윤리적, 방법론적 딜레마들을 솔직하게 풀어내고자 했다. 학자의 무지, 여성 연구자로서 특별한 경험, 그리고 연구자와 연구 대상자와의 복잡한 관계 등 학문의 경계에서 내가 마주한 다양한 질문들을 보다 또렷하게 던져보려 했다. 특히 '밑에서부터의 사회학'과 '실천으로서의 사회복지학'을 추구하면서 남은 과제를 생생하게 담아내려 노력했다. 이 부에서 나는 연구자인 '나'의 사회적 위치와 불안정노동자들의 실존적 현실 사이에서 느끼는 괴리감과 모순을 끊임없이 반문한다. 연구자로서 인식적 한계가 어떻게 노동자의 실제 모습을 왜곡시키는지, '나' 자신을 해부하는 과정에 독자들을 초대하는 마음으로 썼다.

『보이지 않는 노동자들』의 궁극적 목적은 단순히 경제성장에도 불구하고 노동자들이 여전히 가난하고 불안정하다는 익숙한 서사를 반복하는 것이 아니다. 오히려 일의 형태가 변화하면서 새로운 불안정성이 어떻게 그 모습을 드러내는지, 그리고 불안정노동자를 둘러싼 제도적 노력이 어느 부분에서 실패하는지, 무엇보다 불안정노동과 사회정책을 내가 어떻게 연구하며, 무엇을 배웠는지를 공유하고자 한다. 동시에 많은 나를 포함한 연구자, 정책 입안자, 정치인, 그리고 행정가 들이 이러한 현실과 얼마나 괴리되어 있는지도 반성적으로 살피고자 했다.

현재는 지금까지의 분석과 사유를 바탕으로 불안정노동자라는 새로운 계급의 윤곽을 그려보는 데 집중하고 있다. 이 과정에서 나는 '액화노동melting labour'이라는 개념을 제시하며, 변화하는 노동의 모습을 포착하려 했다. 액화노동은 전통적인 노동 개념을 구성하던 여러 경계가 녹아내리는 현상을 설명한다. 이는 근로기준법에 규정된 일의 방식, 작업장 범위, 정해진 노동시간, 고용주와 노동자의 명확한 관계에서 벗어난 노동 형태를 포괄한다. 비정규직, 하청노동, 프리랜서, SNS 크리에이터, 크라우드워크, 플랫폼노동 등이 여기에 해당한다. 액화노동 연구는 여러 국제 학회 및 세미나에서 발표되며 크게 주목받아 새로운 형태의 노동을 둘러싼 관심이 확대되고 있음을 방증한다.*

---

* 이 연구는 영국에서 *Varieties of Precarity: Melting Labour and the Failure to Protect Workers in the Korean Welfare State*(『불안정노동의 다양성: 액화노동과 한국 복지국가의 실패한 노동자 보호』)라는 제목의 단행본으로 출간되었다. 이를 바탕으로 한 발표가 국제사회보장학회, 동아시아 사회정책 국제학회 등의 해외학회와 독일, 영국, 캐나다, 중국, 대만의 대학에서 진행되어 큰 주목을 받았다. 이 연구의 주요 내용에 대해서는 이 책의 마지막 장 「연구 노트: 불안정노동의 다양성과 액화노동」을 참고할 것. 액화노동에 대한 연구물을 단행본에 수록해 국내에 소개하는 것은 처음이다.

이 책의 탄생에는 많은 분들의 도움이 있었다. 문학동네 김소영 대표의 진심어린 격려와 권한라 편집자의 눈 밝은 전문성이 없었다면 이 책은 세상에 나오지 못했을 것이다. 이들을 포함해 지식을 유통하는 출판계의 '보이지 않는 노동'에 깊은 감사를 표한다. 중앙대학교 사회복지학과 교수님들께도 감사드린다. 신뢰와 애정이 넘치는 연구 환경에서 일할 수 있다는 것은 정말 큰 축복이다. 사회학과의 이병훈 교수와 신광영 교수 그리고 신진욱 교수는 사회복지학이 전공인 내가 연구 주제를 불안정노동과 불평등 문제로 넓히도록 도왔다. 박은정 교수는 노동법에 대한 조언뿐만 아니라 나의 소소한 행복을 챙겨주셨다. 김승섭 교수와 백승호 교수는 오랜 연구 동료이자 멘토로서, 특히 힘든 시기에 변함없이 힘이 되어주었다. 한결같은 우정에 고마움을 전한다. 김은별 선생은 연구조교로 책 집필에 필요한 자료 수집과 정리를 꼼꼼하게 도왔다. 이 책에는 모두 열거하기 어려울 만큼 여러 동료 연구자들과 함께 진행한 연구와 그들과의 토론이 녹아 있다. 내게 배움의 기회를 더해준 동료 연구자들께 감사를 전한다. 더불어 인터뷰에 응해준 노동자들 한 분 한 분께 진심으로 감사드린다. 당신들의 세계로 나를 초대해주지 않았다면, 현실에 천착한 연구를 할 수 없었을 것이다. 마지막으로, 학자로서의 나의 여정은 가족들의 전적인 지원 없이는 불가능했다. 언제나 현명한 조언을 아끼지 않으시는 부모님, 그리고 나를 큰사람으로 봐주는 남편 준범의 응원과 지지에 깊은 고마움을 전한다. 정신없이 바쁜 엄마였지만, 서원이와 형건이는 한결같이 내 열정을 응원해주어 늘 큰 힘이 되었다.

이 책은 집필 과정이 쉽지 않았다. 난관을 맞닥뜨려 그만두고 싶을 때 사랑하는 제자들과 미래의 연구자들을 떠올렸다. 나에게 언제나 큰 자극과 희망을 주는 청년 연구자들과 제자들에게, 나 역시 실천으로서의 연구활동이 무엇인지, 경계에서 고민의 종착지는 어디인지, 어떠한 연구자로 살아야 할지 매일매일 고민한다는 것을 고백하며, 그럼에도 함께 연대하여 전진해보자고 신호를 보낸다. 무엇보다 불안정노동 연구를 바탕으로 형성된 우리의 관점과 이론이, 이 사회 노동의 '실재'에 다시 연결되기를 희망한다.

2024년 10월 흑석동에서

이승윤

1부

격랑의 노동현장,
준비되지 않은 사회

1

시간과 돈, 모두 부족한 이중빈곤자
: 불안정노동자들이 가질 수 없는 두 가지

독일의 유명한 동화 『모모』에서 '시간'은 꼭 쥘수록 손가락 사이로 빠져나가버리는 부드러운 모래알 같은 것으로 묘사된다. 푸지 씨네 이발소로 어느 날 싸늘한 한기를 몰고 온 회색 신사는 돈 많은 인생을 꿈꾼다면 바로 그 시간을 아껴야 하고 '시간은 돈'이라며 그를 다그친다. 사실 그동안 푸지 씨는 귀가 어두운 어머니 곁에서 매일 이야기를 들려주기도 하고, 일이 끝나면 지역 합창단에 나가 노래도 부르고 책을 읽기도 했다. 또 매일 30분씩은 사랑하는 다리아 양에게 꽃을 들고 찾아가 그녀를 기쁘게 해주는 삶을 살아왔다.

하지만 '시간은 돈'이라 외치던 회색 신사가 잿빛 차를 타고 떠나자 깨달음을 얻은 푸지 씨는 이제부터 빈틈없이 일하기 시작한다. 문제는 시간을 알뜰하게 쪼개 일할수록 모두 도둑맞아 손톱만큼의 시간도 남지 않는다는 것이다. 『모모』 속 마을 사람들은 곧 모두가 돈을 좇아 쉴 틈 없이 열심히 일하기 시작하지만 사람들의 삶은 점점 피폐해진다. 일하느라 지워지는 삶의 시간이 손가락 사이로 속절없이 빠져나가는 모순을 깨우치게 한 『모모』는, 삶에서 우리가 시간을 어떻게 사용해야 할지 질문을 던지는 소중한 동화이다. 하지만 일하고 있는 모든 사람이 똑같이 시간에 쫓기는 것만 같아도 불안정노동자의 시간빈곤은 늦은 밤 불켜진 도심 빌딩 사무실에서 일하는 사람의 일상과는 사정이 다를 수 있다.

시간은 평등하지 않다

불안정한precarious 프롤레타리아라는 의미의 '프레카리아트precariat'*라는 개념은 노동시장에서 불안정한 조건으로 일하는 사람들을 주로 가리킨다. 이들은 선택적으로 일하는 것이 아니라 상시적으로 노동을 해야만 하는 집단으로, 불안정한 고용조건이나 낮은 임금 탓에 임금노동에 많은 시간을 쏟아야 한다. 또한 생활을 유지하고 노동을 재생산하기 위한 무급의 일들을 수행하는 데도 긴 시간을 할애해야만 한다. 전자는 생산노동work-for-labour, 후자는 재생산노동work-for-reproduction이라는 개념으로 설명하기도 한다.

프레카리아트는 그들의 불안정한 노동조건으로 인해 여가시간

---

* 프레카리아트란 '불안정한'을 뜻하는 '프레카리어스precarious'와 '프롤레타리아트proletariat'의 합성어다. '프레카리어스'는 '기도나 간청으로 얻은' 또는 '다른 사람의 의지에 달린'을 뜻하는 라틴어 precarius에서 유래되었다. 이 라틴어 어근은 prex에서 파생되었는데, 이는 '기도prayer'를 의미한다. 현대 영어에서 'precarious'는 개인의 의존적 상태뿐만 아니라 불안정하고 불확실한 상황을 가리키는 것으로 의미가 확대되었다.

을 가질 수 없는 경우가 많다. 이들은 돈을 벌기 위한 노동시간 뿐만 아니라, 다음 일자리를 찾기 위한 활동이나 취업 준비, 직업 훈련, 교육 활동 등에도 긴 시간을 소비하게 된다. 장기간 일자리를 찾는 사람들, 즉 '취준생'들도 프레카리아트의 일부다. 이들은 직접 돈을 벌기 위한 노동을 하느라 바쁜 것은 아니지만, 취업 준비에 시간을 많이 투자하여 결국에는 시간적 여유를 크게 제한받기 때문이다.

모두에게 똑같이 24시간이 주어지는 것 같지만, 시간의 양이 사회적 계급과 어떻게 연결되는지에 대한 이론도 있다. 1899년에 출간된 『유한계급론』에서 베블런은 사회계급 간의 불평등을 여가시간을 기준으로 분석했다. 그는 삶에서 중요한 자원 중 하나인 시간이 사회계급에 따라 불공평하게 분배되고 있다고 주장했다. 베블런은 산업화가 신속히 진행되고 자본주의 사회가 성장하면서 드러난 상류계급의 시간 활용 방식에 주목하여, 이들의 '과시적 소비'와 '과시적 여가'를 개념화했다.

'과시적 여가'는 돈을 벌기 위한 일과는 무관하게 시간을 활용하는 것을 말하는데, 예를 들어 여러 주 동안 해외여행을 가거나 고급 취미에 긴 시간을 투자하는 것이 이에 해당한다. 이러한 '과시적 소비'를 통해 '유한계급'은 자신들과 다른 사회적 집단을 구별하고, 지위나 명성을 부각한다. 최근에는 사람들이 인스타그램이나 페이스북 같은 소셜 미디어를 통해 여행지나 레스토랑에서 보낸 멋진 순간들을 공유하곤 하는데, 이렇게 보다 여유로운 생활을 보여주는 것 또한 '과시적 소비'와 '과시적 여가'의 예다.

그런데 과시적 여가를 즐길 수 있는 사람이 있는가 하면 시간이 부족하여 시간빈곤을 경험하는 이들도 있다. 시간빈곤은 하루 24시간 중에서 ①돈을 벌기 위한 일 ②가사노동이나 보살핌 같은 무급 재생산노동 ③생활을 유지하기 위해 반드시 해야 하는 활동(수면, 식사, 세면 등), 이 세 가지를 제외한 시간이 충분하지 않은 상황을 말한다. 자본주의 사회에서 밥벌이를 하며 살아가는 많은 사람들은 생활비를 마련하는 데 필요한 최소한의 노동시간, 즉 필수 유급 노동시간에 많은 시간을 할애하며, 특히 시간의 양은 삶에 중요한 영향을 미친다. 시간빈곤은 단순히 시간이 부족하다는 느낌을 넘어서, 삶에서 원하는 바를 선택할 여지가 실질적으로 줄어드는 상황을 말한다. 예를 들어 통근시간, 근무시간, 그리고 가사노동 시간까지 더해지면 하루가 끝날 무렵에는 자신을 위해 쓸 시간이 거의 남지 않는 것이다.

반면 휴식이나 여가 활동에 쓸 수 있는 남는 시간, 즉 '재량시간'이라는 개념이 있다. 재량시간은 시간의 양 자체보다는 시간을 어떻게 사용할지 결정할 수 있는 권리, 즉 선택의 자유와 자기 삶에 대한 통제력을 강조하는 개념이다. 하루 24시간 중에서 필수적인 활동에 사용되는 시간을 제외한 나머지 시간으로, 자신이 온전히 하고 싶은 것을 하는 데 쓸 수 있는 자율적인 시간을 의미한다.

이중빈곤=소득빈곤×시간빈곤

소득빈곤과 시간빈곤을 이해했다면 이제 이중빈곤을 생각해보자. 이중빈곤은 시간을 돈만큼 중요한 자원으로 본다는 관점으로 빈곤을 다룬다. 대부분의 연구에서는 보통 소득빈곤과 시간빈곤이 반비례한다고 설명한다. 즉 더 많은 시간을 일하는 것은 시간빈곤을 증가시키지만, 동시에 임금이 공정하게 보장된다면 벌어들이는 소득이 늘어나므로 소득빈곤은 줄어든다. 그러나 장시간 일하면서도 충분한 소득을 얻지 못해 시간빈곤과 소득빈곤을 동시에 겪는 사람들, 즉 이중빈곤 노동자들이 최근 늘어나고 있다.

가난한 노동자들은 빈곤에서 벗어나기 위해 일을 해야 하며, 더 많은 소득을 얻기 위해 더 오래 일해야 한다. 그러나 일 외에도 생활 유지에 필수적인 가사노동이나 돌봄에 쓸 시간이 필요하다. 마찬가지로 수면, 식사, 세면 등 개인유지 활동 시간도 필수적이다. 하지만 이중빈곤자들은, 소득빈곤을 해결하기 위해 자유시간을 줄이고 노동시간을 늘려도 소득이 여전히 부족하다. 게다가 경제적 부담 때문에 가사노동이나 돌봄을 외주화할 수 없기에 여기에 직접 할애하는 시간도 상당하다. 자유시간뿐 아니라 개인유지 활동 시간이나 돌봄과 같은 재생산노동 시간까지 줄여보며 노동시간을 늘려도 소득빈곤에서 벗어나지 못하는 상황에 놓이게 된다.

불안정한 노동환경에서 일하는 노동자를 만나면, 그들이 수면 시간이나 식사 시간을 제한 대부분의 시간을 일하는 데만 쏟고 있는 모습을 자주 목격하게 된다. 이들에게 가족과의 소중한 시간이나 자신의 건강을 돌보는 시간은 허락되지 않는다. 이들을 단순히 '저임금노동자'라는 개념으로 포괄하고 '근로 빈곤층'으로 분류한다면, 이들의 현실은 구체적으로 드러나지 않는다. 시간과 소득 측면에서 모두 빈곤한 상태, 즉 이중빈곤에 놓인 노동자들에 대한 보다 세밀한 연구가 필요한 이유다.

정규직과 비정규직, 빈곤 상황의 차이

나는 당시 석사과정생인 김태환 선생과 이중빈곤에 처한 사람들이 한국사회에서 어떤 그룹인지 연구하기로 결정했다. 다행히도 한국노동연구원이 매년 실시하는 한국노동패널 조사에서 '시간 사용과 삶의 질'이라는 주제로 실시한 2014년 조사 자료가 존재했다. 이 조사는 17개 항목으로 구성된 질문을 통해 응답자들이 30분 단위의 시간대에 어떤 활동을 주로 했는지를 선택하게 함으로써, 그들의 시간 활용 방식을 측정했다.[1]

우리의 연구[2]는 시간을 크게 네 가지 종류로 구분했다. ①필수시간(수면, 식사 등) ②유급 노동시간 ③무급 노동시간(가사, 돌봄 등) ④자유시간이다. 자유시간은 24시간 중에서 유급 노동시간, 무급 가사노동시간, 필수시간을 제외한 시간으로 정의했다. 모든 일을 마치고 남은 자유시간이 사람들의 평균적 자유시간의 3분의 2 이하일 때, 그 사람을 '시간빈곤자'로 분류했다. '소득빈곤자'는 2014년 당시 월평균 임금인 190만 원의 3분의 2, 즉 127만 원 이하인 사람들로 간주했다. 이렇게 소득과 시간의 두 가지 측면에서 모두 빈곤한 상태에 있으면, 그 사람을 이중빈곤자로 분류했다.

분석 결과는 예상 밖의 사실을 드러냈다. 시간빈곤만을 살펴보니 정규직 노동자가 비정규직 노동자보다 시간빈곤을 경험할 확률이 높았다. 즉 어떤 노동자가 자유시간이 부족한지를 분석해보니 정규직 노동자가 비정규직 노동자에 비해 시간빈곤을 경험할 확률이 높다는 결과가 나왔다. 그러나 시간과 소득 모두에서 빈곤한 상태인 이중빈곤의 가능성은 비정규직 노동자가 훨씬 더 높았다. 즉 장시간 근로로 인해 자유시간이 부족한 시간빈곤 상태에 있는데도, 정규직과 달리 소득빈곤에서 벗어나지 못하는 이중빈곤의 위험성은 비정규직 노동자에게 더 크게 나타난다는 것이다.

정규직과 비정규직이 본질적으로 다른 성격의 시간빈곤을 경험한다는 연구 결과는, 저임금노동자가 과도한 노동시간에 대한 문제를 제기하고 이에 대항하는 노력에서 정규직과 비정규직 간의 연대가 어려울 수 있다는 것을 시사한다. 높은 보수를 받거나 안정적인 일자리를 가진 노동자, 또는 바쁜 연구원이나 행정가들도 장시간 노동에 시달리겠지만, 이들은 '대상화'된 불안정노동자를 위해 자신의 시간이나 자원을 양보해야 한다는 주장에 공감하기 어려울 수 있다. 예를 들어 정규직 직원이 '나도 야근하며 힘들게 일하는데, 왜 비정규직을 위해 더 희생해야 하지?'라고 생각할 수도 있는 것이다. 서로의 상황에 대한 이해가 부족하여 공감대 형성이 어렵다는 점은 연대를 방해하는 요인이다. 이들은 자신의 직업 안정성을 지키기 위해 변화에 소극적일 수 있으며, 이로 인해 이중빈곤을 경험하는 비정규직 노동자들의 처우 개선 노력을 지지하지 않을 수도 있다. 한편 불안정노동자 입장에서는 자신의 휴식과 건강을 희생하더라도 더 많은 임금노동의 기회를 찾으려 할 수 있다. 그래서 노동시간을 규제하는 제도에 오히려 반발하며 더 장시간 일하고 더 많이 벌 수 있도록 선택지를 달라는 요구를 하기도 한다.

낮은 복지지출, 한국이 200시간 더 일할 수밖에 없는 이유

2016년 구의역 스크린도어 수리중 사망한 청년의 가방 속에 있던 컵라면은 그가 위험한 일을 얼마나 빨리 처리해야 했는지를 암시한다. 2017년 대전지방고용노동청의 조사 결과에 따르면, 우체부의 연평균 근로시간은 약 2,800시간으로, 이미 과도한 한국의 연평균 근로시간(2,285시간)보다 500시간 이상을 초과한다. 2021년 국가별 연평균 근로시간 조사에 따르면 한국인이 OECD 평균보다 200시간 더 일하는 것으로 나타났고, 근로복지공단 보고서에 따르면 2021년 과로로 산재를 당한 사람이 289명에 이르는 등, 과로로 사망하는 노동자가 화재 사고로 사망하는 노동자보다 많은 실정이다.

이러한 사회구조에서 불안정노동자나 저임금노동자의 삶은 힘겹고 가혹하다. 고용계약이 불안정하면 언제든지 소득이 중단될 위험이 있고, 그러한 불확실성은 노동자를 고용주의 뜻에 따라 장시간 무리해 일할 수밖에 없게 만든다. 이런 불안정노동자들에게 유일한 선택은 장시간 노동이다. 또한 2022년 기준 한국 임금근로자의 연평균 근로시간은 1,901시간으로 OECD 회원국 중 네번째로 긴데, 세계보건기구WHO와 국제노동기구ILO(이하 ILO)는 공동 연구를 통해 장시간 노동이 뇌졸중과 심혈관 질환의 발생 위험을 높인다는 분석 결과를 내놓으며 장시간 노동의 위험을 경고하기도 했다.[3]

따라서 시간 배분에 관한 정치와 불안정노동의 이중빈곤 완화를 위한 전략을 수립하기 위해서는 보편적이고 포괄적인 접근이 필요하다. 먼저 한 시간 더 일했을 때 늘어나는 소득의 한계효용을 줄여야 한다. 조금 더 일해서 벌어들이는 추가 시장소득이 우리 삶의 질을 좌우하지 않도록 해야 한다는 것이다. 한 시간 더 일했을 때 소득의 효용이 커지는 이유는 무엇일까? 자본주의 사회에서는 상품이든 서비스든 생존에 필요한 많은 것들을 모두 돈으로 사야 하기 때문이다. 한국사회에서 적당한 삶을 유지하는 데 필요한 대부분의 것들에는 가격이 붙어 있다. 주거, 교육, 돌봄, 문화활동뿐 아니라 개인과 가족의 건강을 위한 보험, 나아가 미래를 위한 보험까지 직접 구매해야 하는 경우가 많다. 한 예로 돌봄서비스도 국가에서 충분히 제공하지 않으면 대부분의 여성이 무급으로 떠안게 되고, 사정이 여의치 않으면 돈을 지불하고 돌봄서비스를 구매해야 한다. 그런데 한국의 복지지출 수준은 선진국의 평균치에 비해 상당히 낮다. 복지 수준이 낮으면 시장에서 구매를 통해서만 어느 정도 삶의 질을 유지할 수 있기 때문에 소득이 중요해진다. 자유시간이나 쉼을 확보하는 것보다 돈을 조금이라도 더 버는 것이 훨씬 더 큰 효용을 가져다주는 것이다. 이때 구매력은 노동의 대가로 받는 임금 수준, 그리고 개인과 가구의 소득 수준에 의해 결정된다. 그런데 저임금노동자는 한 시간 더 일해도 소득이 필요한 만큼 충분히 늘지 않아서 더 긴 시간 일할 수밖에 없다. 결국 일하면서도 가난에서 벗어나기 어려울 뿐만 아니라, 장시간 노동이라는 시간빈곤의 굴레에서도 벗어나기 힘들다.

평등한 시간 배분의 정치를 위하여

하지만 유급휴가가 법적으로 잘 보장되어 소득 감소를 걱정하지 않아도 되는 유럽 대부분의 국가는 상황이 다를 수 있다. 예를 들어 유럽연합(이하 EU) 국가들의 법정 유급휴가는 한국보다 길게 주어지는데 독일과 영국은 20일, 노르웨이는 21일, 프랑스와 덴마크는 25일의 법정 유급휴가가 부여된다. 근로기준법에 보장된 한국의 연차 유급휴가는 15일로 1년 이상 근무한 근로자가 80% 이상 출근했을 때 부여받게 된다. 나아가 EU 국가 대부분은 노조와의 단체협약을 통해 추가적인 연차 유급휴가를 부여하며 단체협약에서 부여되는 유급휴가를 합산하면 독일이나 덴마크의 유급휴가는 최대 30일이다.[4]

또한 사교육비나 주거비에 큰 돈을 투자하지 않아도 된다면 소득의 효용은 달라질 수 있다. 물론 해외의 교육비나 주거비 지출에 대해 일관성 있는 비교가 가능한 자료는 많지 않고 사교육에 대해서는 더욱 그렇다. OECD의 교육 관련 국제 비교 지표인 '한눈에 보는 교육Education at a Glance Indicators'에서도 사교육 개념은 등장하지 않는다. 다만 전체 공교육비 중 민간재원*의 비중을 통해 간접적으로 체감할 수 있다.

2019년 기준 주요국의 정부-민간 공교육비 재원 구성비와 학생 1인당 공교육비 지출을 비교해보면 [표1]과 같다. 한국의 '초·

---

* 공교육비 중 민간재원의 의미는 수업료, 교재비, 급식비 등 각 가정에서 학생 교육에 직접 부담하는 비용뿐 아니라 기업이나 단체의 기부금 등을 포함한다. 즉 공교육 시스템 내에서 민간이 부담하는 모든 재정적 기여를 뜻한다.

[표1] OECD 교육지표(한국교육개발원, 2022)

	공교육비 재원 비율(%)		학생 1인당 연간 공교육비(달러)	
	정부재원	민간재원	전체	민간재원 환산
한국	90	10	15,200	1,520
일본	93	7	10,462	732
독일	88	12	13,227	1,587
스웨덴	100	0	13,199	0
미국	92	8	14,671	1,174

*모든 값은 '초·중등 및 중등 후 비고등교육' 과정 기준이며, 정부와 민간 간 이전지출 이후의 값 기준임.

중등 및 중등 후 비고등교육비' 지출 수준은 국제적으로 높은 편에 속한다. OECD 평균 10,722달러보다 높은 15,200달러를 지출하고 있으며, 이는 비슷한 수준의 공교육비를 지출하는 미국(14,671달러)과 비교해도 상당히 높은 수치다. 특히 주목할 점은 한국의 공교육비 지출 중 민간재원의 비율이 10%로, OECD 평균과 동일하다는 것이다. 그러나 절대액 기준으로는 미국(8%, 1,174달러), 일본(7%, 732달러)과 비교해 1,520달러로 월등히 높은 수준이다. 이는 한국의 공교육비 지출 규모가 크고, 그중 민간재원의 역할도 상당함을 보여준다.

여기에 국제 비교가 어려운 사교육비까지 고려한다면, 한국의 교육비 부담은 더욱 클 것으로 예상된다. 예를 들어 통계청에서 발표하는 「초중고 사교육비 조사」를 고려하면 2022년 기준 학생 1인당 월평균 사교육비는 41만 원이며, 사교육 참여 학생만 따진다면 52만 4,000원에 달한다. 1년이면 약 630만 원이다. 따라서 사교육비까지 고려한다면, 한국의 교육비 중 민간재원이 차지하는 비율은 다른 국가들에 비해 상당히 높을 것으로 추정된다.

반면 여타의 OECD 국가에서는 교육비 지원뿐 아니라 적절한 수준의 임금과 휴식시간이 보장되어 소득 감소를 걱정하지 않으면서도 자녀와 부모를 돌볼 수 있다. 삶을 영위하는 데 필요한 교육, 돌봄, 주거 등의 기본적인 영역이 어떤 노동자에게든 공적으로 일정 수준 보장되는 사회라면 이중빈곤 노동자의 비율은 낮아질 것이다.

소득빈곤만큼이나 시간빈곤이라는 결핍은 삶의 질을 떨어뜨리는 주요 원인이다. 소득빈곤과 시간빈곤을 모두 경험하는 이중빈곤 불안정노동자가 이 결핍의 굴레에서 벗어나지 못하는 것은 결코 개인의 책임이 아니다.

2

새벽노동, 퇴행적 혁신
: 보이지 않는 밤의 노동자들

2018년 베를린자유대학교에서 교환교수로 초대되어 독일 생활을 하게 되었다. 남편은 합류가 어려워 몇 개월을 아이들과 셋이서만 살던 기간이었다. 연구실 출근도 하고 틈틈이 공부도 하며 집안일을 병행하다 보니 제일 곤란한 것이 장보기였다. 자가용이 없어서 버스를 타거나 걸어다녀야 하는데 무거워서 한 번에 많은 것을 살 수 없었다. 애들만 두고 외출하기도 어려워서 아이들이 학교 간 사이에나 장을 볼 수 있었는데 그럴 때면 반나절이 그대로 사라졌다. 그래서 알아본 것이 배달 서비스였는데 내 삶이 편리하고 윤택해지는 데 크게 도움이 되었다.

매주 한 번씩 오전에 온라인으로 주문하면, 다음날 오후 선택한 시간대에 물품이 배달되었다. 좀더 빨리 배달 받기를 원하거나, 특정한 배달 시간대를 선택하면 추가 요금을 지불해야 하지만, 토요일 오후와 일요일은 배달 서비스가 전면적으로 불가능했다. 또 별도의 포장 없이 마트에서 장을 본 대로 배달해주기 때문에 식료품은 직접 받아야 하는데, 보통은 4시간 간격의 시간대 중에 배송 시간을 선택해야 했다. 나는 가장 이른 오전 6~10시 또는 가장 늦은 오후 7~11시에 배달을 요청했다. 채소, 과일은 모두 개별 비닐 포장되지 않은 채, 주문 개수나 중량대로 종이 장바구니에 담겨 있었다. 고기도 종이에 싸여 온다. 그리고 유제품도 보냉팩 등으로 포장되지 않고, 와인 같은 병 음료도 별도의 충전재 없이 덩그러니 담겨 왔다. 종이가방 속 물품을 직접 받아서 바로 냉장고에 넣고 나면 쓰레기가 거의 생기지 않았다.

베를린에서의 체류를 마치고 한국에서 새집으로 입주하던 날, 엘리베이터에 '자기 전에 주문하면 내일 새벽 문 앞에 배송'된다는 광고를 보고 내 눈을 의심했다. 그날 인터넷으로 이게 도대체 무슨 말인지 찾아보다가, 믿기지 않아서 한번 주문을 해봤다. 밤 11시 전에 주문했는데, 다음날 새벽 집 문 앞에 내가 주문한 식료품이 정말 놓여 있다면 그건 정말 마술일 거라 생각했다. 잠자리에 들면서도 가족들에게 "정말 내일 오전에 와 있을까? 아니겠지?" 하다가 너무 궁금해서 새벽에 깼다.

새벽에 현관문을 열어보니 주문한 상품들은 깔끔하고 완벽하게 포장되어 문 앞에 놓여 있었다. 모든 냉장 식품은 보냉팩과 함께 포장되었고, 실온 보관 식품도 에어캡과 박스 포장으로 하나같이 손상되거나 변질되지 않도록 완벽하게 싸여 있었다. 종이봉투에 담긴 과일들이 덩그러니 굴러다니던, 베를린의 기억을 떠올려보면 내가 주문한 것들은 과도하게 '보호'되어 있었다. 잠들기 전 우리 가족을 위해 주문한 것들이 이렇게 조금도 손상되지 않은 채 문 앞에 도착하는 사이, 먹거리를 배달해준 사람들의 노동도 보호받는지 궁금했다.

새벽배송, 로켓배송, 빠른 배송의 이면

한국에서 지난 수년간 빠른 배송, 이른바 새벽배송이나 로켓배송의 확산은 놀라울 만한 속도로 진행되었다. 사실상 2015년에 도입된 '새벽배송'은 서울과 수도권을 중심으로 급속히 인기를 얻었으며, 새벽배송 시장의 규모는 2015년 100억 원에서 2017년 1,900억 원, 2019년 8,000억 원까지 확장되었다.[1] 이 기간 동안 한국을 잠시 떠나 있었지만, 그 변화의 속도는 놀랍도록 빠르다는 것을 확인했다. 빠른 배송에 대한 시장의 요구는 계속해서 증가했는데, 많은 대기업들은 기존의 배송 시스템과 별도로 새로운 물류 시스템을 구축하고 새벽배송 사업에 진출했다.[2] 새벽배송 시장의 전망에 대한 최근 보고서들을 살펴보면, 그 시장 규모는 2020년 2.5조를 기록했지만 2023년에는 11.9조가 될 것으로 예상된다. 또 대한상공회의소 발표에 따르면 온라인 쇼핑에서 식료품 부문 매출은 2017년 17.3%에서 2023년에는 31.9%로 성장했는데, 새벽배송 서비스 확대를 가장 큰 이유로 들고 있다. 이러한 조사들은 새벽배송이 얼마나 급속도로 확대되고 있는지를 가늠하게 한다.[3]

그러나 대부분의 사람들이 잠에 빠진 새벽 시간에 일하는 배달노동자들의 안전은 과연 보장되고 있는가. 그것도 주문 확인 이후 문 앞까지 불과 몇 시간 안에 빠르게 배달해야 하는 노동자들의 노동환경이 의심스러웠다. 이들은 이 무자비한 속도 경쟁의 희생양이 되고 있는 것은 아닐까.

당시 나는 김태환 석사과정생에게 새벽 배달노동 연구를 제안했다. 그는 자신도 방학 때 용돈을 벌기 위해 플랫폼을 이용해 배달을 해보았지만, 새벽노동은 엄두도 내지 못했다고 했다.

우리는 야간노동에 대한 국내외 법 제도, 배달노동의 확대에 대한 최근의 연구를 읽으며 연구 방향을 정리했고, 인터뷰 대상자들의 윤곽을 그려나갔다. 구체적인 모집공고는 새벽 배달노동자를 모집하는 게시판이나 플랫폼노동자가 서로의 이야기를 공유하는 온라인 카페 등에 게시했다. 또한 노조에 연락하여 연구목적을 설명하고 인터뷰 대상자를 추천받았다. 이후 한국노동연구원 박종식 박사님께 도움을 요청했는데, 그가 합류하면서 연구에 더 박차를 가하게 되었다.[4]

2000년대 이후 한국의 택배 산업은 기술 발전과 전자상거래 대중화, 그리고 온라인 쇼핑 증가와 동시에 성장했다. 그러나 최근에는 신선식품의 빠른 배송을 위한 업체 간 경쟁이 가속화되면서, '새벽배송'이라는 새로운 패러다임이 등장했다.

새벽배송의 핵심적인 시스템은 데이터 머신러닝 기술에 기반한 '자동 발주 프로그램'이다. 여러 업체들은 머신러닝 알고리즘을 통해 물류 수요를 예측하고, 재고가 없는 상태에서도 고객의 주문을 받아낼 수 있도록 자동 발주 프로그램을 개발했다. 새벽배송 업체들은 '풀필먼트 센터fulfillment center'를 설립하여 고객 주문부터 재고 관리, 배송 계획까지 모든 과정을 직접 관리한다.[5] 이를 통해 고객의 주문 이후 물류센터에서 보관중인 제품을 즉시 분류하고 포장하여 빠르게 배송할 수 있다. 이 모든 과정은 소비자들이 남기는 빅데이터와 기술이 결합하여 가능해진 것이다.

전자감시와 경쟁, 보호받지 못하는 새벽노동자들의 일자리

그러나 새벽배송의 성장 뒤에는 노동자들의 희생이 숨어 있다. 특히 새벽 배달노동자들의 과도한 업무 강도는 전국민주노동조합총연맹(이하 민주노총) 공공운수노조 공항항만운송본부가 발표한 자료를 통해 확인할 수 있다. 이 자료에 따르면, 새벽 배달노동자의 일일 배송 물량은 2015년 56.6개에서 2017년 210.4개로 3.7배 증가했고, 일주일간 휴식시간을 갖지 못하는 야간 배달노동자는 22명 중 15명(약 68%)에 이르렀다. 특히 코로나19 팬데믹 시기를 기점으로 배송량은 급격히 증가했는데, 한국교통연구원의 「2023 생활물류 실태조사」에 따르면 우리나라 국민의 월평균 택배 이용 건수는 10.6회로 쿠팡, 이마트, 컬리 등이 운영하는 새벽배송까지 포함하면 수치는 더 늘어날 것이다. 한편 택배 노동자 과로사 대책위와 택배노조가 2024년 9월에 발표한 「택배노조 실태조사」에 따르면, 쿠팡 택배 노동자의 주당 평균 노동시간은 64.6시간으로 근로기준법상의 40시간을 훨씬 넘는 장시간 노동을 기록한다. 2023년 5월 28일, 쿠팡CLS 남양주 제2캠프에서 새벽배송을 담당하던 40대 택배 기사 정슬기 씨가 사망하는 사건이 발생했다. 노조 측에 따르면, 사망 당시 고인의 노동시간은 야간 노동까지 포함해 77시간에 달하고, 하루 평균 배달 물량은 296개였다. 기술 발전과 경영 혁신의 이면에, 새벽 배달노동자의 노동환경은 후퇴했다.

우리의 분석 결과, 새벽 배달노동자들의 일자리 형태는 다양하게 나타났다. 일부 업체들은 자체 플랫폼을 통해 긱gig 고용 형태의 플랫폼노동자를 활용해, 불규칙한 배송 물량에 대응했다. 이러한 긱 노동자들은 대체로 물품을 개인 차량으로 배송하며, 고정 임금이 아닌 건당 수수료를 받는 형태로 일했다. 이와 같은 방식으로 고용계약 없이 일하는 노동자들은 높은 경제적 불안정성을 겪었다. 김은정, 전주희 등의 연구자들은 쿠팡 같은 회사가 노동자들과 직접 고용계약을 체결하기도 하지만, 과도한 노동 강도로 인해 빈번한 중도 퇴직이 발생하고 있다고 지적했다.[6] 이들은 대부분 2년 계약직으로 일하며, 회사는 노동자들의 시간당 업무량UPH, Unit Per Hour을 실시간으로 측정하여 순위를 매기고, 이를 '정규직 전환'을 위한 경쟁과 압박 도구로 이용하고 있다.

최근 쿠팡은 노동자들의 잇따른 산재사고로 UPH를 폐지했다고 밝혔으나 여전히 사내에서는 노동자의 동선과 업무량을 확인하며 생산성을 높이기 위한 노동자 통제가 이루어지고 있다.[7] 또한 쿠팡은 재계약 기준을 명확하게 공개하지 않기 때문에 노동자들은 계약 거부에 대한 이유를 알 수 없다. 다만 현장에서는 재계약 기준에 업무성과(구 UPH)가 낮고 산재신청을 한 노동자 등이 계약 갱신 거부 대상이 된다고 알려져 있다.[8] 이 외에도 쿠팡은 배송 담당 노동자들을 3단계 9레벨로 분류하여 레벨에 따른 임금 차등을 두고 있는데 이때 배송노동자가 주어진 배송 물량을 달성하지 못하거나 산재 혹은 병가를 신청하면 레벨포인트의 감점으로 이어지게 된다.[9]

우리와 해석이 일치한 전주희의 연구는, 사회 '혁신'으로 칭송하는 현상 뒤에는 데이터 기반의 전자감시 시스템이 자리하며, 기업은 노동자에게 가해지는 불안과 모욕감을 노동자 사이의 경쟁 수단으로 이용한다는 점을 일관되게 강조한다. 이른바 '퇴행적 혁신'이라고 명명할 수 있었다. 화려한 기술 발전과 혁신이 잇따르더라도 노동자들의 권리와 존엄성이 심각하게 침해된다면, 이것이 퇴행이 아니고 무엇이겠는가.

식사시간은 없고, 분류는 수작업으로

하루는 지난 1년 6개월 동안 쉴새없이 낮에는 프리랜서로 일하고 밤에는 새벽 배달노동을 해온 30대 청년을 인터뷰했다. 우리가 미리 예약한 스터디 카페의 작은 방에서 인터뷰가 진행되었다. 먼저 도착한 그는 우리를 반갑게 맞이했지만 충혈된 눈을 보니 한눈에도 피곤한 기색이 역력했다. 나는 인터뷰를 최대한 효율적으로 진행해야겠다고 마음먹었다.

그는 "새벽에 일을 마치고 조금 자다가 일어나는데, 이렇게 하루살이처럼 살고 있고 지금은 미래 계획 없이 평행선을 달리고 있다"고 말했다. 그가 나와 몇 살 차이가 나지 않은 동년배라는 사실에 더 마음이 쓰였고, 동시에 내가 바로 지난주에도 새벽배송 서비스를 이용했다는 것을 기억한 순간 얼굴이 뜨거워졌다(복잡한 심경을 누르고, 당장은 연구자로서 그가 하는 말을 통해 노동의 과정과 구조적 불안정성을 밝히는 데 최대한 집중하려 했다).

그는 낮에 하는 일의 소득이 낮아 생활비를 보충하기 위해 밤

에 조금씩 새벽 배달노동을 시작했는데, 점점 새벽 배달노동으로
버는 수입이 큰 비중을 차지하게 되면서 만성피로를 경험하는
일상이 장기화되었다고 한다. 그는 배달노동자로서의 삶에 대해
이렇게 말했다.

"다른 돈벌이 방법이 없으니 그렇지 가능만 하다면 당장 그만
두고 싶어요. 새벽에 기껏 나가도 배달 물량을 많이 주지 않으
면 그날은 얼마 벌지도 못하고 오기도 하고…… 어떤 날은 새
벽 1시까지 기다려도 물량이 끝났다고 해서 그냥 다시 집으로
오는 수밖에 없지요. 다른 계획이라…… 그런 거 없고, 그냥
하루하루를 사는 거예요. 다른 생각을 할 겨를이 없어요."

자기 차량을 소유한 자영업자로서 배달 계약을 맺은 또다른
노동자는 자정부터 오전 10시까지 일하고 있었다. 그는 주당
50시간가량, 즉 주 5일 동안 노동을 했다. 이들은 물류센터로의
출근 이후, 하루에 40~50가구, 한 달에는 800~900가구의 배송
을 처리해야 했다. 이 일은 오전 12시~새벽 6시, 그리고 새벽
6시~오전 10시 두 차례에 걸쳐 이루어졌다. 심층 면담 결과, 대
부분의 노동자들은 근무시간 동안 제대로 된 식사시간과 휴식시
간을 가질 수 없었으며, 식사는 대부분 배송지로 이동하는 도중
에 해결하곤 했다.

특히 자영업자이면서도 임금노동자의 특성이 있는 '종속적 자
영업자'들은 '합적'이라는 추가적인 일을 수행해야 했다. 합적 업
무는 물류센터에서 1차로 분류된 다양한 상품들을 배송하기 쉽

도록 재분류하고 재배치하는 작업을 의미한다. 예컨대 식품과 생활용품을 동시에 주문받은 경우, 이를 각각 분류하여 가구 단위로 배송품을 묶어두는 작업으로, 이는 '배송' 이외의 업무다. 소비자가 마트에서 주문할 경우 신선식품을 비롯해 여러 가지 상품을 주문하므로, 상품 파손 방지와 신선도 유지를 위해 이를 재배치하는 과정이 필요하다는 것이다. 인터뷰를 통해 만난 노동자들은 합적 업무의 노동 강도 강화와 회사의 인건비 절감이라는 부당한 처우에 불만을 표현했다.

> "말이 자동화지. 무거운 것, 가벼운 것, 다 섞여 있고. 그렇게 배송하면 난리가 나요. 달걀 밑에 있으면 다 깨지죠. 차가 꿀렁꿀렁하니까. 기사들이 다 작업을 해야 해요."

다양한 비표준적 형태의 노동이 등장하는 가운데, 풀타임 새벽노동과 같이 전통적인 근무시간을 벗어난 업무도 증가하고 있다. 한국의 배달 서비스는 저렴한 가격, 신속한 배송, 최고의 신선도를 통해 고객 만족을 최우선으로 두며 끊임없이 경쟁하고 있다. 그 결과 소비자에게는 높은 편의성과 만족을 제공하지만, 동시에 노동자들에게는 과도한 업무 부담과 건강상의 위험을 초래한다. 이러한 상황에서 우리는 삶을 걸고 일하는 노동자들의 존재를 명확하게 인식해야 한다. 어떤 노동이 우리의 편의를 위해 희생되고 있는지, 그 실체를 더욱 선명히 드러내야 한다. 소비자의 편의성을 노동권보다 중시하는 한국에서는 빠른 배송을 둘러싼 과도한 경쟁 속에 노동자의 피로가 가려지고 있기 때문이다.

새벽노동은 2군 발암물질

'새벽노동 규제'는 단순히 노동시간을 제한하는 것을 넘어서, 노동자의 권리 보호와 건강한 노동환경 조성을 위한 필수적인 조치이다. 세계보건기구 산하 국제암연구소IARC는 야간노동을 2군 발암물질로 분류하며, 필수적이고 불가피한 경우를 제외하고는 새벽노동을 최소화하도록 권고하고 있다. 그러나 현실에서 새벽 배달노동자와 물류센터 노동자 들은 권고된 안전한 환경에서 일하고 있지 않다. 그들은 야간노동을 교대로 수행하는 것이 아니라, 야간에만 노동시간이 고정된 방식으로 1년이 넘도록 기간에 제한 없이 노동을 수행하고 있다. 더욱이 이들이 소득을 늘리기 위해 새벽뿐만 아니라 주간에도 노동을 하고 있다는 사실은 위험을 가중시킨다. 현실이 이러한데도 현재 새벽 배달노동자들을 적절히 보호하거나 기업의 과도한 경쟁을 제한할 법률상의 근거는 없다.

어느 토론회에서 한 연구자가 나에게 이렇게 물었다. "새벽노동을 규제하기 시작하면 이들의 일자리가 줄어들고, 소득을 높일 기회를 제한하는 것 아닌가"라고. 충분히 의문을 가질 만한 부분이다. 하지만 무한경쟁을 조정할 규제가 부재하고, 게다가 사회 안전망으로 포괄되지 못한 나쁜 일자리조차 거부할 수 없는 노동자의 처지를 생각해보자.

이런 사회는 어떤가. 유럽의 주요 국가에서는 대형 마트의 주말 영업을 전면 중지하도록 법제화했다. 독일에서는 상점 폐점법에 따라 일요일과 공휴일에 대부분의 상점이 문을 닫아야 하며 평일에도 오전 6시 이전, 저녁 8시 이후에는 영업이 제한적으로만 허용된다. 프랑스에서는 과거 대형 상점들이 1년에 단 5회만 일요일 영업을 할 수 있었으나, 2015년 '마크롱 법' 통과 이후 연간 12회로 늘어났다. 다만 일요일 영업시에는 30% 인상된 임금 지급, 직원 동의, 휴식시간 추가 제공 등의 조건이 붙는다. 영국에서도 일요일에는 대형 상점의 운영 시간을 최대 6시간으로 제한하며, 일반적인 영업시간은 낮 12시~저녁 6시다. 이러한 규제는 노동자의 권리를 보호하고 일-생활 균형을 유지하며, 전통적인 휴일을 존중하는 것을 목적으로 한다. 하지만 만약 주말과 밤늦은 시간까지 모든 가게가 열려 있다면 아마도 마트들은 서로 경쟁하느라 더 늦게까지, 주말은 물론이거니와 공휴일까지 영업을 하며 무한경쟁에 돌입하게 될 것이다. 이 가운데 다른 대안이 없는 노동자는 주말 근무를 해야 하는 열악한 환경의 일자리라도 거부하지 못하게 된다. 주말 영업을 규제하는 변화는 소비자들에게도 영향을 미쳤다. 소비자들은 더이상 무리한 편리함을 요구하지 않게 되었고, 대신 건강한 소비문화나 지속 가능한 삶의 방식을 지향하게 된다.

대형 마트 영업시간 제한의 효과는 단순히 노동자의 근무환경 개선에만 그치지 않는다. 다양한 국가를 대상으로 한 실증연구들에 따르면, 대형 마트 영업시간 제한으로 인해 소비자들은 지역 상점에서 구매를 늘리게 되었고, 이는 지역 경제 활성화에 기여했다.[10] 또한 가족과 함께 보내는 여가시간이 늘어나면서 보다 균형잡힌 삶을 영위할 수 있게 되었다.[11]

장시간 노동의 폐해에 대한 인식에 영향을 미치는 연구들도 있다. 실제로 유럽 31개국 23,934명의 노동자를 대상으로 한 조사 결과, 월 1회 이상 일요일에 근무하는 경우 일요일 근무를 하지 않는 경우보다 한 가지 이상의 건강 손상 우려가 1.17배, 일-생활 균형 저하가 1.15배, 산업재해 발생률이 1.34배 높은 것으로 나타났다.[12] 이와 같은 연구 결과들은 과도한 노동시간이 개인의 건강과 삶의 질을 해치는 주요 요인이라는 사회적 공감대 형성에 기여한다.[13]

이렇게 노동시장에서의 규제는 해당 기업의 노동자뿐만 아니라 보다 넓은 의미에서 우리가 살아가는 사회에 영향을 미친다. 우리는 소비자이자, 사회구성원이자, 동시에 노동자인 경우도 많기 때문이다. 새벽노동자의 모습은 잘 보이지 않아 그들의 노동환경은커녕 그 존재조차 지각하기 어렵다. 이들은 우리가 잠든 깊은 밤에 보이지 않는 노동을 하고 있기 때문이다. 하지만 고단하고 위험한 노동의 모습을 적나라하게 알게 된다면 토론회에서 나에게 질문을 했던 그 연구자도 달리 생각하지 않았을까. 새벽노동자의 삶의 질이 높아지면 그의 삶의 질도 달라질 수 있다. 노동자의 권리 찾기는 다른 사회구성원과 벌이는 제로섬 게임이 아니다.

공동체의 사회적 의제로서, 사회가 양질의 일자리를 만들어가는 것은 중요한 문제이다. 보이지 않는 노동을 분명하게 인식하고 노동자들이 인간다운 삶을 영위할 수 있도록 환경을 조성하는 노력은 타자화된 노동자 개인의 문제가 아니다. 우리가 "어떤 사회를 원하는가?"라는 질문에 답하는 과정이다.

3

산재사고 이후, 남겨진 사람들
: 산재보험의 구멍과 풀어갈 숙제들

오전에 신문을 넘기다 쿠팡에 책임을 촉구하는 박미숙 씨의 얼굴을 발견했다. 그는 고故 장덕준 씨의 어머니로, 장덕준 씨는 칠곡 쿠팡 물류센터에서 오랫동안 새벽노동에 더해 장시간 노동을 하다가 2020년 10월 12일 급성심근경색으로 27세의 나이로 고인이 되었다. 열심히 일하던 아들은 어느 날 새벽, 퇴근 후 샤워하러 들어갔던 화장실에서 영영 일어나지 못했다. 박미숙 씨가 대구에서 기차를 타고 이동해 서울에서 열린 기자 간담회에 참석해 발언하기까지, 그 과정은 심적으로나 육체적으로나 무척 고단한 일이 아닐까 싶었다. 하지만 아들을 그리워하며 해진 마음 한편에 같은 일이 반복되지 않길 바라는 마음이 진지하고도 커서, 이렇게 목소리를 내시는구나 싶었다. 아들 친구뻘 청년들의 죽음만은 외면할 수 없다는 절박함이 아니었을까.

장덕준 씨의 부모님을 만나뵙고 온 것은 2020년 10월 21일 밤이었다. 당시는 내가 '청년정책조정위원회'의 부위원장으로 임기를 시작한 지 이제 막 한 달이 지난 시점이었다. 장덕준 씨의 사고 소식을 접한 날, 뉴스를 읽자마자 수소문하여 빈소를 알아봤는데 그날이 발인이라 아버님께 위로 전화만 드릴 수밖에 없었다. 며칠이 지나고 대구에 내려가 어머님, 아버님 그리고 이분들을 돕고 계신 민주노총 서비스연맹 노조지부장님을 찾아뵈었다. 나와 함께 기꺼이 동행해준 사람은 이한솔 한빛미디어노동인권센터 이사였는데, 그는 tvN 조연출로 방송업계의 문제를 지적하며 세상을 떠난 고故 이한빛 피디의 동생이다. 당시 청년정책조정위원회 위원이기도 했던 그에게 유가족을 찾아뵈어도 될지 조심스레 논의했었다. 그분들의 이야기에 관심을 갖고 진심으로 위로를 건넨다면 그 자체로도 의미가 있을 것이라는 말에 그와 함께 대구로 출발했다.

나는 알 수 없는 부끄러움에 잔뜩 긴장하며 무거운 마음으로 도착했다. 함께 간 한솔 씨는 금세 이분들의 상처를 위로하기 시작했던 것 같다. 어머님, 아버님께서는 아들이 얼마나 가혹한 노동에 시달리고 있었는지 이제야 실상을 접하시고 괴로워하셨다.

이분들은 아들의 노동현장을 알고 싶어했지만, 쿠팡 측은 아버님의 당사 일용직 취업도 막았다. 회사에서 아들이 인정받으며 열심히 일하는 줄 알았건만, 회사가 이토록 한 사람의 죽음에 무심할 수 있다는 데 이분들에겐 분노보다 놀라움이 앞선 것 같다. 회사에서는 장례식장에 근조화환을 보내지도 않았고, 조문을 오지도 않았다. 그저 같이 일하던 동료 청년들이 장례식장에 찾아왔다고 한다. 어머님께서는 그 청년들이 스스로를 '노예' '소모품'인 것 같다고 했단다. "우리 애 친구들, 그 청년들이 뭐에 세뇌당한 듯 그 지옥에 자꾸 들어가서 어떡하나"라는 어머님의 말씀에 이어 아버님이 목멘 목소리로 입을 열었다. "내가 젊어서 고생은 사서라도 한다고 했다, 내가…… 그래서 내 잘못 같다." 이분들은 처음 보는 연구자 앞에서 자신을 질책하고 계셨다.

서울로 돌아오는 기차 안에서 나는 온몸이 무겁고 축축하게 늘어진 듯했다. 기차 소리와 함께 귓속에 응응거리는 소리가 너무 커서 두통이 심해졌는데, 그 소리가 귓가에서 나는 건지 저 가슴 깊은 곳에서 울리는 소리인지 분간이 안 되었다. 유가족과 대화하면서 조금씩 메모한 것들이, 내가 그간 연구했던 청년노동자, 플랫폼노동자, 불안정노동자에 대한 내용과 포개졌다. 이내 떠오르는 연구 질문과 필요한 정책들에 대한 메모를 더 해두었는데, 내내 목구멍에 뭐가 걸린 듯 자꾸 아팠다.

그날의 메모를 다시 찾아보니, "20년 10월 21일 대구. 노예, 소모품, 하루 평균 5만 보, 저녁 7시~새벽 4시까지 1시간 점심, 20분 휴식, 1년 6개월간 야간노동만, 출고, 입고 외 모든 필요업무를 하는 워터 스파이더" 등 장덕준 씨의 부모님께 들었던 단어와 문장 들이 적혀 있었다. '워터 스파이더'란 린Lean 생산 시스템*에서 생산라인 작업자를 지원하는 역할을 맡은 사람을 말한다. 이들은 작업자들에게 필요한 자재, 부품, 도구 등을 적시에 공급하고, 작업환경을 정리정돈하며, 품질관리와 의사소통 촉진

---

* 제품 생산 과정에서 낭비를 체계적으로 줄이기 위해 구축한 시스템. 대기 시간, 운반 등 주요 항목을 관리해 효율성을 극대화한다.

등의 업무를 수행한다. 생산현장에서 물 위를 빠르게 이동하는 물방개처럼 민첩하게 움직이며 필요한 지원을 한다는 점에서 이러한 이름이 붙여졌다. 이날 만난 고인의 부모님께서 들려주신 아들의 워터 스파이더로서의 삶은 과도한 업무량과 열악한 근무 환경 속에서 소모품 취급 받는 불안정노동자의 현실을 보여주는 듯했다. 고故 장덕준 씨의 어머님께서 하신 말씀 중 가장 마음 아팠던 부분은 "무기계약직으로 전환되면 나아질 거라는 희망에 청년들이 참고 조금만 더, 조금만 더 하면서 세뇌당한 듯 자꾸 들어간다"였다.

산재사망률 세계 1위, 하지만 산재보험은 미작동중

최근 고용노동부에서 발표한 산업재해 현황[1]에 따르면, 2023년 한 해 동안 우리나라의 산업재해 재해자 수는 136,796명이고 사망자 수는 2,016명에 달했다. 하루 평균 375명이 다치고, 6명의 노동자가 목숨을 잃고 있다. 다른 선진국들에 비교하면 한국은 2017년 기준 OECD 35개 회원국 중 다섯번째로 산재사망률이 높은데, 1990~2019년 '근로자 10만 명당 치명적 산업재해 수'에서 3050클럽 국가들(1인당 국민총소득GNI이 3만 달러 이상이고 인구가 5,000만 명 이상인 국가. 미국, 영국, 프랑스, 독일, 이탈리아, 일본) 중에서도 가장 높은 수치를 기록했다.

좀더 구체적인 현황을 살펴보면 그 심각성이 여실히 드러난다. 300인 미만 사업장에서 발생하는 산재 사망이 전체의 83.3%(1,678명)를 차지하며, 특히 50인 미만 소기업에서만 61.6%(1,241명)가 발생하고 있다.[2] 산업안전보건연구원이 2017년에 실시한 조사에서도 주목할 만한 결과가 나왔다. 동일한 작업 환경에서 근무함에도 불구하고, 하청근로자들의 산업재해로 인한 사망률이 원청근로자들에 비해 약 8배나 높은 것으로 드러났다.[3] 이는 고용 형태에 따른 안전 관리의 격차가 얼마나 심각한지를 여실히 보여주는 통계다. 2016년 서울 지하철 구의역에서 안전문을 수리하다 사망한 청년노동자도, 2018년 태안화력발전소에서 기계에 끼어 사망한 김용균 씨도 하청업체 계약직 노동자였다.

고용노동부가 발표한 「2023년 산업재해 발생현황」을 분석해보면, 사업체 규모와 재해율 사이의 상관관계가 나타난다. 근로자 100인당 재해자 수로 측정한 재해율은 사업체 규모가 작아질수록 증가하는 양상을 보인다. 5인 미만 사업장이 1.11%로 가장 높고, 그다음으로 5~49인(0.74%), 50~99인(0.58%), 100~299인(0.52%), 300~999인(0.46%) 순이다. 여기서 특히 주목할 점은 50인 미만 소규모 작업장에서 전체 재해자의 69.4%(94,994명)를 기록하고 있다는 사실이다. 이는 작은 사업장에서의 산업재해 문제가 심각한 수준임을 보여준다.

다행히 중대재해처벌법은 2024년 1월 27일부터 50인 미만 사업장에도 적용되었지만, 근로기준법이 5인 미만 사업장에는 적용되지 않아 사고 발생 위험이 높은 5인 미만 사업장은 중대재해처벌법도 적용되지 못하는 한계가 있다.* 통계청 전국사업체조사(2022년 기준)에 따르면 5인 미만 사업장에서 일하는 임금노동자는 334만 명가량인데 이들은 여전히 큰 위험에 노출되어 있는 것이다.

높은 산업재해율에도 불구하고, 산업재해보험이 실질적으로 작동하지 않아 불안정노동자들의 보호막이 없다는 점도 여러 연구들을 통해 나타난다. 산재보험 가입자 비율을 살펴보면 표준적 고용 관계에 기반한 정규직 노동자뿐만 아니라, 표준적 고용 관계의 해체로 등장한 비정규노동·비정형노동에 종사하는 불안정 임금노동자들도 상당수 포괄하여 변화하는 노동시장에 일부 정합한 모습을 보인다. 그러나 2020년 5월 기준 새로운 형태의 노동을 보여주는 종속적 자영업자나 특수형태근로자(현재는 '노무제공자'로 용어가 수정됨)의 경우를 살펴보면 83.2%가 산재보험 적용 제외 신청을 하는 실태이다. 또한 고용노동부가 국회 환경노동위원회에 제출한 「최근 5년간 산재보험 적용 및 적용 제외 신청현황 자료」에 따르면, 2020년 5월 기준 특수형태고용종사자의 16.84%만이 산재보험의 적용을 받고 있다. 산재보험에 가입된 경우라도 내가 연구를 통해 만난 많은 불안정노동자는 산재신청을 아예 포기하거나 공장주나 회사에서 사적으로 병원비를 일부 지원받는 등 공상처리로 끝내는 것이 다반사다. 산재신청의 지난한 과정에서 당장의 소득이 더 절박한 불안정노동자가 신청을 포기하기 십상이기 때문이다.

이러한 통계 뒤에는 사업장에서 추락하거나, 기계에 끼여 사

---

* 한국의 근로기준법은 5인 미만 사업장에는 대부분의 조항이 적용되지 않아, 이 사업장에서 일하는 노동자들은 법적 보호의 사각지대에 놓여 있다. 중대재해처벌법 역시 근로기준법상의 '근로자'를 대상으로 하기 때문에, 쿠팡 등의 플랫폼기업에서 일하는 배달원이나 택배기사 등은 사고시 산업재해로 인정받기가 어렵다. 이들은 근로자의 지위가 인정되지 않는 특수고용노동자나 프리랜서로 분류되며, 산재보험 가입도 의무가 아니어서 산업재해 발생시 적절한 보상을 받기 힘든 것이다.

망하거나, 신체가 절단되거나, 직업병에 걸려 고통받거나, 직장 내 괴롭힘으로 자살하는 등 개개 노동자들의 구체적인 이야기들이 수치보다 더 선명하게 존재하고 있다. 산업재해 후에 상처를 안고 살아가는 노동자들과 가족들의 고통까지 생각하면 통계 뒤 그림자의 크기는 가늠하기 더 어려워진다.

산재처리, 신청주의라는 허들

지금까지 산업재해 이후를 살아가는 사람들의 이야기는 간과 되어왔다. 대부분의 연구와 노동자에 대한 이야기는 산업재해 경험과 산재보험 인정에 초점을 맞추어왔기에, 실제로 노동자가 산업재해 후에 어떻게 고군분투하며 살아가는지, 그리고 산업재해로 가족을 잃은 이들을 위해 정부와 사회가 어떤 역할을 해야 하는지에 대한 충분한 논의가 이루어지지 않았다.

『문밖의 사람들』(김성희·김수박, 보리, 2020)은 산재 노동자들의 이야기를 다룬 르포 만화다. 산재 경험자들의 실화를 바탕으로 그린 이 책은, 노동자들의 사고 경험과 사회안전망의 충분한 보호를 받지 못하는 현실을 생생하게 보여주며 제도의 문제를 주요하게 지적한다. 책 속에는 대기업 하청공장에서 스마트폰을 만들다가 산재로 시력을 잃은 이들이 등장한다.

이 책의 주인공인 진희는 대학생활 동안 다양한 아르바이트를 하며 살아가다가 사회복지사가 되기로 결심한다. 그는 목표를 이루기 위해 노량진 학원가에서 자격증 취득을 위한 공부를 시작한다. 하지만 주거비와 학원비를 벌기 위해 잠시 아르바이트를

할 생각으로 일했던 공장은 그의 삶을 바꾸어놓았다. 진희가 일하던 곳에서는 안전장치가 부족했고, 위험물질인 메탄올을 다루는 방법에 대한 충분한 정보를 제공하지 않았다. 어처구니없게 진희는 영구적인 시력 손실을 입었고, 이 사고는 그의 삶에 깊고 넓게 번졌다.

진희의 부모님이 산재신청을 하고 승인을 받았지만, 치료비를 선지불해야 했고, 영수증 처리 등 복잡한 절차를 거쳐야 했다. 한국의 복지제도가 신청주의를 기반으로 하기 때문이다. 이는 피해자가 스스로 복지 혜택을 신청하고 그에 필요한 모든 절차를 완수해야만 사후 보상을 받는다는 것을 의미한다. 유럽의 일부 국가에서는 국민의료보험체제와 연동된 시스템이 있어서, 환자나 가족이 일일이 신고하지 않아도 보상을 받을 수 있다. 하지만 진희의 사례를 보면, 한국에서 산재처리 제도는 권위적이고 어렵다. 산재로 인한 장애인등록 절차의 어려움, 가족들의 생계를 위해 일터로 복귀해야 하는 상황, 그리고 활동보조인 지원 부족 등은 산업재해 피해자와 그 가족이 더욱 어려움을 겪게 만드는 원인이다.

산재는 단순히 숫자가 아니다

새벽 배달노동자와 인터뷰를 마친 다음날 연구실로 작은 선물이 하나 도착했다. 따뜻한 갈색의 작은 다과용 도마였는데 뒤편에 "함께해주셔서 감사합니다"라는 문구와 함께 한 청년의 얼굴이 새겨져 있었다. 선물을 보낸 이의 이름 석 자를 바라보며 누구인지 가만히 떠올리다가, 그가 2020년 10월 1년 6개월 동안 새벽노동을 하다가 급성심근경색으로 고인이 된 27살의 청년이라는 것을 깨달았다.

나는 박미숙 씨에게 전화를 걸었다.[4] 그는 이 사건이 산재로 인정되었다는 기쁜 소식과 함께 여전히 회사에서는 아직도 단 한 차례의 사과나 위로의 말도 전하지 않았다는 쓸쓸한 소식을 전해주었다. 아들의 사고 이후 수개월이 지나도 유가족은 너무나 무거운 발걸음으로 삶을 이어가고 있음을 느꼈단다. 그는 산재신청이 승인된 이후에도 유가족들에게는 여전히 진행중인 고통에 대해 정부 차원의 심리치료나 상담 지원 등 도움이 필요하다고 했다. 그리고 이들이 연결되어 서로 도울 수 있었으면 좋겠다며, 정부의 지원 부재나 부족한 정책에 대한 문제를 명확하게 진단했다. 산재 이후, 가족들과 산재로 장애를 갖게 된 노동자들은 재활프로그램을 스스로 찾아다니면서 새로운 어려움을 겪기 시작한다.

산재를 경험한 노동자들의 이야기는 슬픔과 분노를 자아내지만, 이는 어느새 안타깝고도 불운한 사건으로만 여겨지기도 하고, 때로는 그저 숫자로 인식되며, 일상 속에서 점점 희미해져간다. 산재를 경험한 노동자의 사건 이후의 삶, 산재로 사랑하는 이를 잃은 가족의 그다음 일상, 산재 사건 이후의 이야기들은 우리 사회에 아직도 누락되어 있다. 가족의 가슴속 깊이 새겨진 아픔을 향한 따뜻한 공감과 이들을 위한 실질적인 도움이 필요하다. 여기에 지나치게 오랫동안 간과되어왔던 연구자와 사회복지 실천가들의 중요한 역할이 있다. 더이상 이들의 간절한 이야기가 통계 수치로만 드러나지 않도록, 제도적 보상이면 끝이라는 생각에 이르지 않도록.

4

화물연대 파업과 '가짜 자영업자'
: 회색 지대 노동자들의 소득보장을 위하여

다른 나라의 노동자가 경험하는 빈곤과 불안정한 삶의 문제, 사회안전망 배제와 같은 제도적 문제는 해외학자들의 논문과 학술대회 발표를 통해 자주 접한다. 물론 대다수 국제학술대회들은 주로 서구 선진국을 중심으로 논의가 이루어진다는 한계가 있다. 게다가 국제학술대회를 꽉 채우는 학자들의 현학적인 어휘와 복잡한 분석 속에 불안정노동자의 비참한 실존을 구체적으로 확인하기란 쉽지 않다. 그런 의미에서 아시아·태평양 지역의 다양한 노동자, 경영자, 정부 관료 및 정책 전문가 들이 한자리에 모이는 국제회의에 참가한 것은 소중한 경험이었다. 2022년 12월 싱가포르에서 개최된 제17차 ILO 아시아·태평양 지역총회 자리였다. 아시아·태평양 지역 34개국의 노사정이 모인 자리에서 공통된 노동문제와 사회보장에 관한 문제들이 논의되는 것도, 동시에 각국의 특수한 상황을 엿볼 수 있는 것도 모두 흥미로웠다. 특히 동남아시아뿐만 아니라 아랍 지역의 수많은 국가들도 함께한 국제회의에 처음으로 참석하면서, 그동안 내가 얼마나 서구 중심적 학문만 편식했는지 피부로 느끼게 되었다. 총회가 개최된 회의장 곳곳에서는 아시아·태평양 지역 여러 노동자의 인터뷰와 활동을 소개한 포스터나 국제 연대의 중요성을 강조하는 구호가 붙어 있었다. 개중에는 노사가 협력한 우수 사례도 눈에 띄었다.

나는 ILO에서 전문가로 초대받아 기획 세션 중 하나인 '사회보장과 고용보호를 위한 사회적 기반' 세션에서 발표를 했다. 발표에서 나는 노동법, 사회보장, 직업안전보건 및 임금결정 제도가 전통적인 일의 형태를 전제하고 설계된 가운데, 많은 노동자들의 일의 형태가 달라지면서 기존의 사회보장과 법 제도로 이들을 보호하는 데 한계가 있다고 설명했다. 특히 자영업자인 것 같지만 현실에서는 자유도가 낮고 고용주에 대한 의존도가 높은 '종속적 자영업자'의 취약성에 대해서 좀더 강조했다.

사실 종속적 자영업자의 상황을 강조한 배경이 있었다. 당시 한국에서 벌어지고 있던 화물연대 파업에 대한 국제적 지지를 바랐기 때문이다. 한국에서는 2022년 11월 24일부터 2만5,000명의 화물 트럭 운전사들이 최저 운임비(안전운임제)를 요구하며 총파업을 재개했다. 파업에 대한 대응으로 정부는 '작업 복귀 명령'을 발표하며 이를 거부할 경우 면허 정지, 최대 3년 징역, 최대 3,000만 원의 벌금을 부과할 수 있음을 고지했다. 갈등이 고조되는 가운데 회원국 자격으로 한국의 노사정이 모두 총회에 참여하면서, 첨예하게 대립하던 노조와 정부의 입장이 고스란히 국제 무대에도 드러났다.

새로운 형태의 자영업자들이 온다

　여기서 자영업자이지만 자율성이 거의 없는 '종속적 자영업자' 개념을 살펴보고 가자. 직업의 의미, 노동시간, 일터, 고용주와 피고용자의 고용 관계 등 전통적인 일자리 개념을 둘러싼 경계들이 모호해지는 가운데, 자영업자가 일하는 방식도 변하고 있다. 자영업자는 스스로를 고용한 사람이라는 뜻인데, 최근에는 자영업자가 아닌데도 자영업자처럼 위장되어 일하거나, 자영업자이지만 고용주가 있는 사람처럼 일터에서 지휘와 통제를 경험하는 등 다양한 형태의 소위 '가짜 자영업자'가 등장하고 있다. 이러한 '가짜 자영업자'는 '종속적 자영업자' 또는 '위장 자영업자' 등의 학술적 용어로도 설명된다. 자영업자라면 고용주에게 종속되지 않아야 하는데, 실상 일하는 모습과 방식을 보면 종속적인 성격이 있어 이를 설명하기 위한 것이다.[1] 종속적 자영업de-pendent self-employment은 민법상 도급계약*을 통해 자율적이고 독립적으로 노무나 서비스를 제공하지만, 실제로는 보수를 지급한 기업 또는 고객에게 소득이 의존적이다(프로젝트 기반으로 일하는 프리랜서도 종속적 자영업자의 특성을 띤 일의 형태 중 하나다). 또 순수 자영업**과 마찬가지로 사업상의 위험을 스스로가 부담한다. 그러나 순수 자영업과 달리 자영업자이지만 일터를 선택하지 못하고 실제로는 회사나 정해진 작업 장소에 와서 일을 해야 하는

---

*　민법 제664조에 따르면, 도급은 당사자 일방이 어떤 일을 완수할 것을 약정하고 상대방이 그 일의 결과에 대하여 보수를 지급할 것을 약정함으로써 그 효력이 생긴다.

경우도 많다.

많은 국가에서 자영업자를 사회보장제도에 포함하기 위한 조치를 취했지만, 자영업은 소득 변동의 폭이 크고 다양한 형태로 존재해서 행정적 역량이 미치기 어려운 영역들이 많다. 따라서 이들은 임금노동자를 전제하고 설계된 사회안전망에서 배제되기 쉽다. 특히 자영업자는 작업환경에 대한 책임이 자신에게 있기 때문에 근로시간, 산업보건 등을 규정한 근로기준법 및 사회보장제도에서 배제되어왔다. 최근 여러 학자들이 주목하는 부분은 장기적으로 살펴보면 대부분의 선진국에서 자영업자가 감소 추세에 있지만, 새로운 형태의 자영업자 수는 증가하고 있다는 점이다. 즉 순수 자영업자조차 사회보장제도로 충분히 보호받지 못하는 가운데, 기술 발전으로 인해 새로운 형태의 자영업자가 출현하며 새로운 노동문제가 대두한다는 것이다.

대표적 '종속적 자영업자',* 화물차주들

화물차주는 대표적인 종속적 자영업자이다(공식적인 종사상 지위는 특수형태근로종사자이다). 화물연대 총파업 이슈는 한국의 특수형태근로종사자 관련 쟁점을 잘 보여주는 사례다. 이들이 요구하는 안전운임제란 화물기사들의 적정 임금 보장을 통해 과로·과적·과속을 막자는 취지로, 2020년 처음 도입된 제도다. 그동

***

** '종속적 자영업'과 반대되는 순수 자영업self-employment은 급여를 받는 고용 형태가 아닌, 스스로 이익을 창출하는 비급여 고용 형태로 정의된다. 고용주, 생산협동조합원, 고용원 없는 자영업자, 무급 가족 종사자가 해당된다.

안 화주(화물운송 위탁자)와 운수사업자들이 일방적으로 운임을 결정해왔는데, 화물기사들이 유류비·부품비 등을 고스란히 떠안으면서 과적·과속 운행에 내몰린다는 지적이 있었다. 안전운임제는 이를 개선하기 위해 안전운임보다 적은 운임을 지급하는 화주(제조사, 유통사 등), 운수업체(운송, 주선, 가맹)에 500만 원의 과태료를 처벌규정으로 두는 내용이다.

그런데 안전운임제 시행이 종료될 위기에 처하자 민주노총 공공운수노조 화물연대본부는 2022년 6월부터 제도 연장을 요구하며 무기한 총파업에 들어갔다. 갈등이 고조되던 가운데, 국토교통부는 집단운송 거부자에 대해 업무개시 명령을 발동한다고 선포했다.** 자율적으로 일하는 자영업자로 분류되던 화물차주에 대한 업무개시 명령이 발표된 것은 처음이었다. 정부의 업무개시 명령 발동을 앞두고 민주노총, 공공운수노조, 국제운수노련 3개 노동단체는 공동명의로 ILO에 긴급개입 요청 서한을 보냈고, ILO는 2022년 12월 2일 화물연대 파업에 대한 한국 정부의 대응과 관련해 긴급개입immediate intervention에 나섰다. 정부는 '긴급개

---

* 순수 자영업자와 구분되는 자율성이 낮은 자영업자들은 크게 두 가지로 분류된다. 법적으로 자영업자로 분류되지만 실제로는 근로자와 유사하게 업무 통제와 지시를 받는 **위장 자영업자**와, 특정 기업에 경제적 의존도가 높은 **종속적 자영업자**다. 위장 자영업자는 형식상 자영업자이지만 실상 근로자처럼 일하는데 대표적으로 보험설계사와 학습지 교사를 예로 들 수 있다. 종속적 자영업자는 상대적으로 업무 자율성은 있지만 수입의 대부분을 특정 기업에 의존한다. 가령 화물차주들은 차량 소유주이지만, 화물 배차나 운송 일정 등은 회사의 지시에 따르고 이에 따라 수입이 좌우되기에 근로자와 유사한 지위를 보인다.

** 국토교통부는 2022년 11월 29일 화물자동차운수사업법 제14조에 따라 화물연대 조합원 중 시멘트업계의 집단운송 거부자에 대해 업무개시 명령을 발동한다고 밝혔다.

입'이 아니라 '의견 조회'에 불과하다고 일축했다. 언론을 통해 연일 소개되던 화물연대 파업 소식을 두고 시민들의 의견도 파업 지지와 정부 입장 지지로 나뉜 듯했다. 이 가운데 한국의 노사정이 모두 당시 ILO 아시아·태평양 지역 총회에 참석했고 이들에게 공식 발언권이 주어졌던 것이다.

당시 고용노동부 기획조정실장은 화물운송자들의 집단운송 거부로 인해 시멘트, 정유, 철강 등의 원자재 출하에 차질이 생겼다고 주장하며, 사상 처음으로 단행한 업무개시 명령의 필요성과 그 당위성을 강조했다. 반면 민주노총 수석부위원장은 한국 정부가 강제 노동에 해당하는 업무개시 명령을 단행하여 파업권을 부정하고 있다고 주장했다.

특수고용노동자, 국제사회는 어떻게 바라보는가

정부와 화물연대 간의 갈등에서 쟁점은 화물운송노동자들을 특수형태의 근로를 하는 '노동자'로 바라볼지, 아니면 '자영업자'나 '개인사업자'로 바라볼지 하는 것이다. 정부와 경영계는 근로기준법에 따른 고용 관계를 맺지 않았기 때문에, 화물기사를 개인사업자로 간주한다. 그래서 두 차례의 총파업을 노동조합 쟁의행위가 아닌 '집단운송 거부'라고 봤다. 공정거래위원회(이하 공정위)는 화물연대를 사업자 단체로 보고 총파업을 소속 회원의 사업활동을 부당하게 제한하는 행위로 간주하여 고발까지 했다. 보호의 사각지대에 있는 특수고용노동자(이하 특고노동자)의 노동자성이 인정되기 전까지는, 이들의 취약한 협상력을 감안해 공정위가 보호하겠다는 이전 발표 방향과 비교해보면 사뭇 다른 입장이었다. 한편 '사업자'인 자영업자로 간주하면서 동시에 노동을 강제하는 업무개시 명령을 내렸다는 점 역시 고개를 갸우뚱하게 했다. 한국에서 특고노동자의 노동자성 인정 문제는 화물연대 사례가 아니더라도 수차례 논란의 중심에 서왔다. 그러나 최근 들어 법원은 배송기사, 학습지 교사 등 특고노동자가 근로기준법상 노동자는 아닐지라도 노조 설립 등 노동 3권을 보장받아야 한다고 판단하는 추세다. 그 이유는 특고노동자가 지휘·감독하에 일하고, 소득은 노무 제공의 대가이기 때문이다.

사실 이러한 추세는 국제적으로도 발견된다. 주요 선진국들은 '1인 자영노동자'에게도 노동 3권을 보장해주는 입장을 취하고 있다. 2022년 9월 EU는 "노동자에 버금가는 상황에 놓여 있거나 협상력이 약한 1인 자영노동자에게는 경쟁법을 적용하지 말라"는 내용의 권고문을 발표했다. 아일랜드는 이미 2008년부터 이들의 단체교섭권 보장을 위한 경쟁법 개정 논의를 시작해, 2017년 국회에서 위장 자영업자와 종속적 자영업자에게 단체교섭권을 보장하는 경쟁법 개정안을 통과시켰다. 한국은 어떤가. 실상 한국이 비준해 2022년 4월부터 발효된 ILO 핵심협약은 고용 관계 여부와 관계없이 특수고용노동자에게도 폭넓은 단체행동권을 인정하고 있다. 이러한 추세를 고려해보면, 최근 정부의 대응은 세계적 흐름에 역행해 노동의 의미를 좁게 해석한다고 볼 수밖에 없다.

나는 일하는 사람들 누구에게나 노동 3권이 보장되어야 한다고 발표한 이후에도 비공식으로 회의장에서 만나는 ILO 전문가들에게 한국의 화물연대 파업에 지역적·국제적으로 연대해달라고 요청했다. 여러 국가의 참석자들도 회색 지대에서 일하는 새로운 형태의 자영업자가 디지털 기술의 발전과 함께 증가한다는 데 동의하며 문제의식을 같이했다. 노동자의 일이 전통적인 정의에서 벗어나고 기존의 제도가 한계를 드러내는 불확실한 시대에, 노동자의 취약성을 인지해야 한다. 무엇보다 노사 간 불신을 회복하기 위해서는 정부의 역할은 물론 국제사회의 협력도 필요하다.

부과 기준을 고용 관계에서 소득 기준으로

한국에서 이들이 어떻게 법적인 차별뿐 아니라 사회보험에서의 배제를 경험하는지 살펴보면 격차가 더 명확하게 드러난다. 표준적 고용 관계에 해당하는 정규직의 경우 사회보험 미가입률이 국민연금 5.1%, 국민건강보험 0.0%, 고용보험 3.9%에 불과하다. 그러나 종속적 자영업자의 경우 국민연금 미가입자가 45%에 이르며, 고용보험은 순수 자영업자의 경우 미가입자가 99.5%에 이르는 상태다. 순수 자영업자는 지역 가입의 형태로 국민연금과 국민건강보험에 가입할 수 있지만, 건강보험 가입시 직장가입자와 달리 보험료 전액을 부담해야 하며, 고용보험 역시 임의로 가입할 수 있지만 실질적 가입 비율은 0.5%에 불과했다.[2]

[표2]에서 드러나듯 자영업자는 임의가입 대상자이고 사회보험료를 온전히 혼자 부담해야 하기 때문에 사회보험 가입률이 낮다. 또한 이들은 사회보장제도에 가입되어 있더라도, 낮은 소득과 불규칙한 수입으로 인해 실제 급여 수준 또한 낮은 경향을

[표2] 사회보험 미가입 현황(2020)[3]

(단위: %)

구분	국민연금	국민건강보험	고용보험
정규직	5.1	0.0	3.9
임시직	51.5	1.0	35.8
시간제	68.2	3.0	71.7
종속적 자영업(특수형태근로)	45.0	1.6	92.2
순수 자영업			99.5

보인다. 국민연금공단의 「2023년 국민연금 통계연보」에 따르면 자영업자의 평균 연금 수급액은 임금근로자에 비해 상당히 낮다. 이는 보험료 전액에 대한 부담으로 자영업자들의 가입률이 저조하고, 소득 신고시 실제 소득보다 낮게 신고하거나 가입 기간이 단절되는 경우가 많기 때문이다. 결국 이들은 고용·소득·사회적 보호에서 일상적인 불안정성에 노출되고 있다.

이러한 문제 속에 사회보장제도의 실질적 접근성을 개혁하려는 전략이 국내에서도 논의중인데, 기존 사회보험의 필수 가입 요건을 '사용자-근로자 관계의 확인'에서 소득으로 전환하는 '소득보험 전략'이 그것이다.[4] 소득보험의 적용 대상은 소득활동을 하는 모든 취업자다. 이 경우 재원은 기존과 동일하게 보험료를 통해 마련하지만, 고용관계에 있는 고용주와 피고용자가 사회보험료를 각각 반반씩 부담하는 현재의 징수 방식과는 차이가 있다. 소득보험의 보험료는 고용계약 관계와는 무관하게 취업자와 사업주 각각의 소득에 부과된다. 특히 사업주가 부담하는 사회보험료는 현재와 같이 고용 관계에 속한 해당 피고용자의 수와 개별 임금수준에 따라 부과하는 것이 아니라, 사업주의 소득 등에 대해 일정 비율로 부과하는 것이다. 이 새로운 제도에서 중요한 원칙은 종속적 자영업자를 포함한 새로운 형태로 일하는 모든 노동자를 하나의 보험료율 체계 안에서 통합적으로 관리하는 것이다.

대부분의 사회보장제도에서 피고용자는 사회보험 보험료를 고용주와 함께 부담한다. 예를 들어 국민연금의 경우 한국은 양측이 같은 비율로 반반씩(2024년 기준 피고용자와 고용주 각각 4.5%) 부담한다. 한편 부담 비율은 반드시 반반으로 정해진 것은 아닌데 스웨덴, 영국, 프랑스 등 OECD 주요 국가들에서는 공적연금 기여금에 상대적으로 고용주 부담분을 노동자 부담분보다 높게 두는 구조다. 한국의 다른 사회보험들도 꼭 반반은 아니다. 한 예로 고용보험의 경우 피고용인은 전체 고용보험사업의 실업급여 부분만을 부담하지만(0.8%), 고용주는 여기에 더하여 고용안정·직업능력 개발사업 부분(최대 0.85%)도 부담한다. 산재보험은 고용주가 모두 부담한다. 그러나 공통적으로 피고용인 사회보험료에 대한 고용주의 부담분은 개별 피고용인들의 임금과 인원수에 연동된다. 보험료 부과 기준이 고용 관계에 기반하고 있기 때문이다.[*5]

소득보험의 아이디어는 보험료 부과 기준을 '소득'으로 두자는 것이다. 그래서 소득보험이다. 고용 관계 입증과 관계없이 소득을 기반으로 하나의 사회보험체계에 포괄하는 것이다. 이렇게 하면 사실상 사각지대는 해소될 수 있다. 여러 개의 초단시간 노무를 통한 소득활동에서도, 일감 방식의 일자리에서도, 단순 피고용 일자리에서도 균일한 사회보장제도를 적용할 수 있다는 장점이 있다. 피고용인 사회보험료의 고용주 부담분은 피고용인의 수나 임금과 무관해지기 때문에 고용주의 비용 절감 노력에 따른 비공식노동 강제 또는 불안정고용이나 고용 회피 등 채용시장 왜곡 효과의 감소도 기대해볼 수 있다.

일하는 모든 사람들을 위한 소득보장

쟁점이 되는 것은 보험료의 구성이다. 사업주 부담분을 어떻게 부과할지가 핵심 주제다. 생각해볼 수 있는 것은 사업주의 사업 운영에 따른 이윤 혹은 매출액에 연동하는 것이다. 그러나 이윤이 0인 사업주의 경우 보험료 부과에 어려움이 있고, 매출액에 부과할 경우 고매출 저이윤 사업주와 저매출 고이윤 사업주 간의 형평성 문제가 불거질 수도 있다.**

어떤 방향이든 소득보험으로의 전환은 소득을 기준으로 자격을 관리하기 때문에, 종속적 자영업자의 근로자성 인정 문제를 해결할 수 있다. 그러나 소득에 기반하여 보험료가 책정될 경우, 저임금의 가짜 자영업자는 여전히 낮은 급여 수준을 벗어나기 어렵다. 특히 다음 일감을 구하기 위해 대기하는 시간과 노력 등

---

* 일부 국가의 사회보장제도는 종속적 자영업자에 대한 사회보장기여금 납부를 적용한다. 예를 들어 독일은 자영업자가 공적연금 의무가입 대상이 아니지만 만약 한 명의 고객(사실상의 사업주)과 주로 일하며 직원을 고용하지 않았다면 의무가입으로 적용된다. 이탈리아 등에서도 단일 계약에 경제적으로 종속된 자영업자는 사회보장기여금을 고객과 함께 부담한다.

에 대한 보상이 없는 플랫폼노동자, 프리랜서 노동자와 같은 가짜 자영업자의 경우, 업무 완수시에만 소득이 발생하여 소득 불안정성에 노출되는데, 이는 고스란히 소득비례형 사회보장제도의 낮은 기여와 낮은 급여 문제로 이어진다.

이러한 문제를 보완하기 위해서는 소득보험으로의 사회보험 개혁이 2차적 안전망으로 작동하게 하는 동시에, 조세를 통해 기본적인 소득을 보편적으로 보장해주는 1차적 안전망을 추가해야 한다. 즉 정책혼합 전략을 고려해야 한다.

비정규직, 플랫폼노동, 가짜 자영업 등 비정형적이고 비표준적인 노동의 증가는 노동시장의 변화 과정에서 자본-노동 관계의 비가시화와 견고했던 노동자성을 보호해준 경계들이 녹아내리는 과정, 즉 '액화노동'의 개념으로 이해해볼 필요가 있다(이에 대해서는 이 책의 마지막 장을 참조하라). 새로운 형태의 임금노동자가 등장하는 가운데 자영업자도 그 모습을 달리하는 만큼, 각각의 고용 형태에 따른 개별적 해결방안을 넘어 근본적인 사회보장 개혁 원칙을 세워야 한다. 노동시장에서 '일하는 모든 사람들'의 소득보장은 제도 간의 유기적 연결을 통해서만 가능하다. 사회보장제도가 소득보장 및 불평등 완화에 실패한다면, 회색 지대 자영업자는 불안정노동자로 전락할 가능성이 높다. 스스로를 고용

** 그뿐만 아니라 개혁 이전과 비교했을 때의 체감도 고려해야 한다. 차이가 크다면 이해관계를 둘러싼 첨예한 정치적 갈등이 예견된다. 보험료 책정뿐만 아니라 급여 수급 측면에서도 개혁 전후로 급여의 변화가 다양한 유형의 수급자에게 불균형적으로 발생하거나, 특정 시점을 기준으로 서로 다른 제도가 적용되는 문제 등 시행 과정에서도 고려해야 할 지점이 많다. 또한 일부 업종이나 자영업자의 수입 축소 신고에 따른 왜곡을 어떻게 최소화할 것인지도 고려해야 한다.

한 자율적인 존재가 아닌, 더욱 '종속'된 상태로 노동을 이어갈 수밖에 없는 것이다.

2부

노동자가 쓰러진다,
어제도 오늘도 내일도

5

아프니까 가난이다
: 상병소득제도가 없는 사회에 산다는 것

계절이 바뀌는 시기에 가끔 일에 쫓겨 쉬지 않고 달리다 보면 감기몸살에 심하게 걸릴 때가 있다. 하루종일 꼼짝없이 아무것도 하지 못하고 누워서 끙끙 앓다 보면 걸렀던 식사부터 전반적인 생활습관까지 돌아보며 병을 키운 것은 아닌지 후회가 밀려든다. 실상 병을 앓는 것이 누구나 경험할 수 있는 삶의 자연스러운 일부라면, 우리 사회에서 아프다는 이유로 가난해지는 일은 없어야 한다. 사람은 누구나 아플 수 있는데, 어떤 사회에서는 아프면 왜 가난이 찾아오게 될까.

2014년 송파 세 모녀 자살 사건은 오랫동안 아파서 일하기 힘든 큰딸과 취업 준비하며 아르바이트하던 둘째 딸, 그리고 식당에서 열심히 생활비를 벌어온 어머니, 이들 한 가족이 경험한 비극이었다. 이들은 최선을 다해 삶을 유지하고 있었지만 어머니가 넘어져 다치게 되자 본격적으로 가난해졌다. 어쩌다 상해를 입었지만 아픈 몸으로는 더이상 돈을 벌 수 없었다.

2014년에 고인이 된 최인기 씨는 두 차례 큰 수술을 받고 생계가 어려워져 기초생활수급자가 되었다. 그런데 아파서 도저히 일할 수 없었던 그에게 국민연금공단은 2013년부터 '근로능력 있음' 판정을 내리기 시작했다. 정부는 그에게 기초생활수급자 급여를 받으려면 반드시 일을 해야 한다는 '조건부 수급자' 자격을 부여했다. 아프다고 호소했지만 일을 하지 않으면 수급권이 박탈되기 때문에 그는 지하주차장 청소부로 일하다가 결국 세상을 떠났다.* 꼭 이렇게 비극적인 사건이 아니더라도 내가 연구를 하면서 만났던 노동자들도 아프기 시작하면 일자리가 불안정해지는데, 그럼에도 불구하고 생계 때문에 일을 계속하다가 더 큰 병을 얻기도 하고, 또는 일자리를 더이상 구할 수 없으니 소득이 없어 결국에는 수급자가 되는 경우가 많았다.

아픈 노동자의 소득을 보전해주지 않는 나라

기존의 많은 연구들은 아파서 가난해지는 경로보다 가난할수록 사람들이 더 아프게 되는 경로에 집중했다. 특히 서구 데이터를 바탕으로 분석한 연구들을 보면 '아프면 가난해진다'는 가설은 큰 설득력을 얻지 못한 것 같다. 빈곤해서 아픈 것이 아니라 아프니까 빈곤해진다는 논리는 흔히 '사회적 선택social selection'이

---

* 이 사건에 대해 최인기 씨 유족은 국민연금공단과 수원시를 상대로 손해배상 소송을 제기했다. 법원은 2019년 1심에 이어 2020년 2심에서도 유족의 손을 들어줬다.

라 불리는데, 건강불평등 연구의 시발점으로 평가받는 1980년 영국의 「블랙 리포트」**는 이 가설의 실증적인 근거를 찾기는 어렵다고 일축했다. 후발 연구들도 대부분 건강이 빈곤 및 사회적 계층에 미치는 영향은 없거나, 있어도 극히 미미하다는 입장이다.

하지만 이와 같은 인과관계가 한국에서는 다르게 성립할 여지가 크다. 한국에서는 아픈 노동자가 가난해지는 것을 막을 수 있는 안전판이 현저히 부실하기 때문이다. 이를테면 1940년대부터 무상의료가 도입된 영국에서는 아파서 가난해지는 경로를 막아주는 공공의료라는 안전판이 존재한다. 반면 한국에서는 현재까지도 건강보험의 낮은 보장성이 문제되기 때문에 아픈 노동자가 가난해지는 것을 막기 어렵다. 건강보험 혜택이 환자들의 병원비에 충분한 보탬이 되지 못한 결과, 중산층도 큰 병에 걸리면 빈곤층으로 떨어지게 된다는 의미다. 이른바 한국의 '재난적 의료비'에 관한 연구[1]들은 과도한 의료비 부담으로 중산층 이상의 계층이 빈곤층으로 떨어지거나, 질병 탓에 빈곤층이 가난의 굴레에서 벗어나지 못하는 한국의 상황을 실증적으로 제시했다. 더욱이 대부분의 OECD 회원국과 달리, 한국에서는 정부에서 지원하는 '상병수당'이 존재하지 않는다.

'상병소득보장제도'는 '장단기 요양시에 소득 상실분을 보장해주는 제도'이다. 다시 말해 노동자가 아파서 치료를 받아야 할 경우, 노동하지 못해 줄어든 소득을 국가가 나서서 벌충해주는 제

** '블랙 리포트'라는 명칭은 이 보고서 작성을 주도한 영국 의학자이자 공중보건 전문가인 더글러스 블랙Douglas Black 경의 이름을 딴 것이다. 당시 영국 정부는 사회계층화에 따른 건강불평등 문제를 조사할 그룹을 구성했고, 그는 이곳의 의장을 맡았다.

도를 말한다. 한국의 건강보험제도는 병원비를 부분적으로 보충해주는 반면, 질병으로 입원할 경우 일하지 못하여 생기는 소득 감소분을 채워주지는 않는다.

이 측면에서 한국은 OECD 회원국 사이에서도 예외적 경우에 속하는데, 2022년 기준 OECD 38개 회원국 가운데 별도의 상병수당을 갖추지 않은 국가는 한국과 미국, 두 나라에 불과했기 때문이다. 또한 한국은 '근로불능의 근로자와 경제활동 참가자에 대하여 상병급여를 정기적으로 지급할 것을 규정한' ILO의 '사회보장 최저 기준에 관한 협약'(제102호 협약, 1952)을 비준하지도 않았다. 상병으로 인해 소득원을 잃은 노동자에 대한 소득보장제도가 부재한 한국 복지의 특수성 때문에, 일자리를 잃은 개인은 빈곤으로 떨어지는 경로가 가파를 수 있다. 아파서 일을 못하면 당장 소득이 단절되어 가난을 버티다 못해 자살을 선택하거나, 아파도 죽을 때까지 일하다가 정말로 죽는 사람이 있는 한국과 같은 비참한 사회에서나 아픈 노동자는 가난해진다는 가설이 설득력이 있을 수 있다.

그런데 아파도 일해야 하는 상황이 왜 가난으로 이어지는지에 관한 연구는 미시적으로 그 경로를 관찰해야 실마리를 얻을 수 있다. 왜냐하면 단순한 통계자료로는 '아픈 노동자와 가난'의 상관관계를 밝힐 수는 있어도, 인과기제를 밝히는 데는 한계가 있기 때문이다. 따라서 이 둘 사이의 관계를 이해하기 위해서는 개별 사례에 천착해 미시적 수준에서 관찰이 필요하다. 예를 들어 건강이 악화되어 노동 능력이 감소하면 소득이 줄어 가난해질 수 있고, 반대로 빈곤한 생활 조건이 질병을 유발할 수도 있다.

이러한 복잡한 상호작용을 해명하기 위해서는 심층적인 연구와 분석이 필수적이다. 질병과 가난의 경로를 입체적이고도 정확하게 분석하는 데에는 질적연구 방법론 중에서도 사례연구*가 필요했다.

아픈 노동자를 찾아서

아픈 노동자의 빈곤화 과정에 대한 연구[2]에 엄두를 낼 수 있던 것은 막 박사과정을 마치고 한국에 귀국한 김기태 박사 덕분이었다. 그는 '복지국가와 기대수명의 연결고리'와 같이 제도와 건강의 관계를 연구한 전력이 있을 뿐만 아니라 전직 기자로서 활발히 활동해왔기에 적극적으로 연구에 초대했다. 나는 기자라는 직업과 연구자라는 직업 사이에는 공통점이 있다고 생각해왔다. 사회에 대한 호기심과 문제의식에 사로잡혀 자료를 수집하고 분석한다는 점이 그렇다. 이런 믿음을 갖고 김기태 박사에게 나는 아픈 노동자에 대한 가설을 설명했는데, 연구의 필요성에 그도 진지하게 동의했다.

우리는 커다란 흰 종이를 책상에 펼치고 "아프면 왜 가난해지는가?"라는 질문을 중심으로 여러 가설들과 떠오르는 키워드를 적어내려가기 시작했고, 몇 주에 걸쳐 연구 설계를 완성했다. 하지만 문제는 그다음부터였다. 도대체 어디서 아픈 노동자를 찾을

---

* 사회현상을 둘러싼 각 개인의 특정한 이야기와 경험에 밀착한 연구로, 미시적 사례 속에서 보편적인 특징을 발견하는 데 도움이 된다.

수 있을까. 이전의 연구에서는 대부분 연구에 관련된 해당 직종의 노동자가 모이는 인터넷 카페 등에 공지하거나 노동조합의 도움을 받아 모집했다. 또 청소노동자나 돌봄노동자 등은 개인적으로나마 아는 사람을 통해 눈덩이 표집을 할 수 있다. 하지만 아파서 점점 가난해진 경험이 있는 이들은 직종을 불문하고 좀처럼 눈앞에 드러나지 않는다.

다행히 걱정은 금세 해결되었다. 김기태 박사는 전직 기자다운 면모를 충분히 발휘하여 여기저기 수소문하더니 며칠 내 면접 대상자 후보군을 가지고 왔다. 그는 갑작스럽게 실직을 당하거나 중병으로 인한 소득상실이 있는 사람들을 대상으로 주민센터에서 긴급복지 지원을 한다는 것을 알고는 그곳에 협조를 구했다. 그 외에도 위기가정 통합지원센터를 비롯한 다양한 연결망을 통해 잠재적 면접대상 집단을 추렸다. 물론 인터뷰 대상자 모집을 알리며 연구 내용을 설명하는 과정도 빼놓지 않았다.

우리는 정규직과 비정규직, 임시직 등 여러 고용 형태, 유급병가 사용이 가능한 노동자와 불가한 노동자, 그리고 아픈 경험이 있지만 빈곤을 경험하지 않은 노동자와 빈곤층이 되어 수급자가 된 노동자 등을 구분하여 인터뷰를 시작하기로 했다. 고용보험공단의 실무 담당자들도 아픈 노동자와 정책의 관계에 대해 누구보다 섬세하게 잘 알고 있는 경우가 많아 인터뷰 대상에 포함했다.

아파도 고용보험 수급 자격을 인정받는 이들은 1.1%뿐

우리가 인터뷰한 사람들은 치킨집 자영업자부터 대기업 사무직에 이르기까지 다양했지만 고혈압, 우울증, 허리디스크, 위암, 유방암, 쇄골 골절 등 모두 질병을 경험했다는 공통점이 있었다. 인터뷰한 대부분의 노동자들은 질병이 업무와 관련이 있든 없든 아프면 휴가나 휴직을 고려하기보다는 참는 것을 먼저 선택했다. 일을 쉬는 순간 생계 문제에 직면하게 되기 때문이다. 특히 남성이든 여성이든 그가 집안의 경제를 책임지는 가장이라면 그 부담은 클 수밖에 없다. 때로 상병으로 인한 통증 때문에 눈물을 흘리면서도 일을 멈출 수 없는 노동자들이 있었다.

"우린 쉬어본 적이 없어요. 저도 마찬가지예요. 처자식이 있는데 어떻게 쉽니까. 저 혼자면 모르겠어요…… 아니 아버지가 돼가지고 처자식이 당장 고등학생 대학생 이렇게 있고 집안에 생활비가 들어가는데…… 약은 뭐 말할 필요도 없고요. 진통제는 매일 먹어요. 소염진통제를…… 아플 때 꾸준히 다녔던 동네 병원에…… 980만 원 썼더라고요. 수술 안 하고. 약값, 체외충격파, 그다음에 스테로이드……"

특히 고용상태가 불안정한 비정규직 노동자는 아파도 휴직하는 경우가 거의 없었다. 고용주가 휴직을 보장해주지 않기 때문에 아프면 일을 그만둘 수밖에 없었다. 그래서 생긴 소득단절을 부채로 감당하다가 다시 비정규직으로 진입하는데 그 역시 소득수준이 낮은 직군이다. 이런 일자리에 종사하는 이들은 아예 건강이 더 악화되어 장애진단을 받게 될 상황인데도 벌이를 위해 어떻게든 노동시장에 참여하고자 했다. 결국 몸이 무너지면 생계가 무너지는 상황 속에서도 노동자들에게는 별다른 선택지가 없었다. 아파도 노동을 지속하다가 건강이 악화되는 악순환의 고리가 이어진다. 질병과 실직을 반복하다가 끝내 근로능력이 없다는 판정을 받아 생계급여 수급자가 된 한 노동자도 있었다. 몸이 상하기 시작해도 장애진단을 받으면 직장을 구하지 못할까봐 그는 아파도 지속적으로 참고 일을 해왔던 것이다.

실직 사유를 확인할 수 있는 대표적인 공식 통계는 통계청의 경제활동인구조사와 고용노동부의 고용보험 행정통계 자료이다. 그러나 두 자료 모두 이렇다 할 수치를 말해주지 않는다는 문제점이 있다. 우선 경제활동인구조사는 지난주에 주로 무엇을 했는지* 이전 직장을 그만둔 이유가 무엇인지**에 대해 묻는다. 그러나 답변 선택지에 질병이나 건강에 대한 항목이 없다. 개인·가족적 이유나 심신장애 정도의 뭉뚱그린 답변이 그나마 이에 가깝다.

비경제활동인구만을 대상으로 하는 부가조사는 조금 낫지만 여전히 정확하지는 않다. 지난주에 주로 쉬었다고 응답한 이유를 묻는 문항에서 아픈 상황과 관련된 선택지는 '중대한 질병이나 장애는 없지만 몸이 좋지 않아 쉬고 있음'뿐이다. 질병이나 사고라는 단어가 직접적으로 사용되는 경우는 '앞으로 1년 이내에 취업이나 창업 의사가 없는 주된 이유가 무엇인지' 묻는 문항에서

---

* ①육아 ②가사 ③정규 교육기관 통학 ④입시학원 통학 ⑤취업을 위한 학원·기관 통학(고시학원, 직업훈련 기관 등) ⑥취업 준비 ⑦진학 준비 ⑧연로 ⑨심신장애 ⑩군입대 대기 ⑪쉬었음 ⑫기타

** ①개인·가족적 이유 ②육아 ③가사 ④심신장애 ⑤정년퇴직·연로 ⑥작업여건(시간·보수 등) 불만족 ⑦ 직장의 휴업·폐업 ⑧명예 조기퇴직, 정리해고 ⑨임시 또는 계절적 일의 완료 ⑩일거리가 없어서 또는 사업경영 악화 ⑪기타

다. 2023년 8월 기준 비경제활동인구 약 1,616만 명 중 취창업 의사가 없는 이들은 약 1,274만 명이고, 이들 중 10.5%인 130만여 명 정도가 질병이나 사고로 인한 건강 문제를 이유로 들고 있다. 성별로 나눠보면 남성(14.5%)이 여성(8.3%)보다 높다. 그러나 이 수치는 취창업 비희망자만을 집계하고 있을 뿐이다. 아프거나 장애가 있어도 취업을 희망하는 사람들이 몇 명인지는 알 수 없다.

고용보험 행정통계는 설문조사 방식인 경제활동인구조사에 비해 통계적 정확성이 높다. 그러나 질병으로 실직 상태에 들어선 사람들이 정확히 몇 명인지는 여전히 알기 어렵다. 우선 2013년까지 고용보험 상실 사유 세분류에서 질병이 부상, 노령과 함께 분류되어 있었다(⑬개인사정에 의한 이직-질병, 부상, 노령 등). 이나마도 2014년에 개정되어 '⑪개인사정으로 인한 자진퇴사'에 합쳐져 구체적인 확인이 어렵다.

한편 고용보험통계연보***에서 2013년 '질병, 부상, 노령 등'으로 인한 이직 사유가 전체 상실자 중 1.5%인 것으로 나타난다(자격 상실자 560만여 명 중 8만4,000여 명에 해당한다).[3] 질병, 부상 등은 원칙적으로 자발적 이직 사유에 해당한다. 주어진 업무를 수행하는 것이 곤란하고, 기업 사정상 업무 전환이나 휴직이 허용되지 않아 실직한 것이 의사의 소견, 사업주 의견 등에 근거하여 객관적으로 인정될 경우에만 실업급여 수급 자격이 제한적으로 인정된다.[4] 자격 상실자 560만여 명 중 수급 자격 인정자 수는

*** 고용보험 통계연보는 한국고용정보원 발간 자료이며, 고용보험 행정통계는 고용노동부 제공 자료이다.

92만여 명이다. 이중 이직 사유가 '질병, 부상, 노령 등'에 해당하는 비중은 1.1%이다. '질병, 부상, 노령 등'으로 고용보험 자격을 상실하는 8만 4,000여 명 중 약 1만 명만이 수급 자격을 인정받는 것이다. 이 수치도 정확하지는 않다. 이직 사유 신고시 노동자나 사업주가 정확한 정보를 제공하지 않거나 분류 체계의 모호성으로 인해 실제 상황이 완전히 반영되지 못할 수 있다. 결국 고용보험의 사각지대가 큰 것이다. 비정규직 고용보험 가입률은 2013년 43.6%, 2023년 54.2% 수준임을 감안하면, 비정규직 가운데 아파서 실직한 후 수급 자격을 인정받는 이들의 비율은 정규직에 비해 현저히 낮을 것이다.[5]

아픈 몸뚱이는 '하자 있는 상품'

상병의 고통에 처한 노동자들에게 필요한 것은 치료와 함께 회복을 위한 시간이다. 하지만 생계 문제는 아픈 노동자들에게 경제적인 여유도, 시간도 허락하지 않는다. 회사를 떠나는 마지막 날까지 아픈 노동자들은 일을 하고, 회사를 떠난 뒤에도 아픈 몸을 이끌고 다른 일자리를 찾는다. 아파서 하던 일을 중단하는 경우, 당장 급격한 소득 감소를 경험하게 되었다. 소득이 보장되지 않는 노동자들은 재활에 전념하기보다는 최대한 빨리 일자리로 복귀하거나 단기 임시 일용직에라도 뛰어들어 '벌이'를 계속하고자 한다. 이 과정에 완치되지 않고 복직한 경우 일터에서 추가 사고가 발생하기도 하며, 건강이 더 악화되어 근로능력을 완전히 상실하는 경우도 있다.

반드시 일을 해야 한다는 조건을 만족시켜야만, 또는 노동력을 시장에서 교환해 그 가치를 인정받아야만 가난에서 벗어나고 인간답게 살 수 있는 사회는, 인간의 노동력에 대한 '상품화 지수'가 높은 나라이다. 실제로 한국은 국제적으로 비교·분석 해보면 상품화 지수가 높다. 반드시 일을 해야만 그나마 기본적인 삶을 영위할 수 있는 사회에서는 건강한 몸뚱이 자체가 가난을 피하기 위한 생존 수단이다. 반면 아픈 몸뚱이는 '하자 있는 상품'이 된다.

한국은 OECD 국가들 중 의료보장 사각지대가 넓어 건강보험의 보장성을 계속 확대해나가야 한다. 다행히 2022년에는 국내 최초로 한국형 상병수당 시범사업이 시작되었다.

상병수당 어디까지 왔나

한국에서 상병수당은 코로나19 확산을 계기로 본격적으로 논의되기 시작했다. 팬데믹 상황에서 아프면 쉴 수 있는 권리 보장과 더불어 감염병 확산 방지 차원에서 상병수당에 대한 사회적 요구가 커졌기 때문이다. 건강보험공단은 2022년부터 3개년에 걸친 지역별 시범사업을 토대로 정책 효과를 분석하고 의료인증 절차, 운영체계 등을 점검하여 2025년 전국적인 상병수당 도입을 목표로 하고 있다.[6]

서구 복지국가에서는 이미 오래전 자리잡은 제도이지만, 한국에서는 2022년 7월에야 서울 종로구, 경기 부천시를 비롯한 전국 6개 지역을 대상으로 1단계 상병수당 시범사업이 시행된 것이다.* 상병수당 1단계와 2단계 시범사업의 결과는 매우 고무적이다. 시범사업 기간 동안 급여를 받은 많은 노동자들이 질병이나 부상으로 인한 소득 공백을 상병수당으로 메꿀 수 있었다. 경제적 부담에서 벗어나 온전히 치료에 전념하거나, 건강을 회복한 후에는 안정적으로 직장에 복귀할 수 있었던 사례들도 소개되었다. 특히 주목할 만한 점은 시범사업이 자영업자와 비정규직 노동자까지 포괄하도록 설계되었다는 것인데, 덕분에 고용 형태가 불안정하거나 취약한 노동자들도 이 사업을 통해 소득 감소에 대한 불안을 덜고 자신의 건강 관리에 집중할 수 있었다. 다음은 보건복지부에서 소개한 사례이다.[7]

상병수당 1단계 시범사업 수급 사례

사례1

보험설계사 C씨(51세, 창원 거주)는 척추관 협착증을 앓고 있어 걷거나 앉을 때 통증이 심해서 더이상 일을 할 수 없게 되어 수술을 결정하게 되었으나, 당장 생활비가 걱정이었다. 보험설계사는 특수형태근로종사자로 유·무급 휴가제도가 없고, 근로를 하지 않으면 수당이 없어 질병 발생시 가장 취약한 직종 중 하나이다. 수술은 잘되었고, C씨는 유튜브 채널 검색 도중 상병수당제도를 알게 되어 총 25일간의 상병수당을 신청할 수 있었다. 현재도 약간의 통증은 있지만, 보험설계 업무 수행이

---

* 2023년 7월에는 경기 용인시를 포함한 3개 지역을 선정하여 2단계 시범사업을 시행했다. https://www.nhis.or.kr/nhis/policy/wbhaea03600m01.do, 최종접속 2024. 2. 20.

가능할 정도로 호전되었다.

사례2

고속도로 톨게이트에서 근무하는 B씨(48세, 천안 거주)는 지난 5월 편도암 수술을 받고, 25일간 방사선 치료를 받았다. 이후 근로를 할 수 없는 상태가 되어 회사에 휴직을 신청했으나, 무급휴가만 있어 생계비가 걱정되었다. 무급휴직 기간인 7~8월에 상병수당을 신청했고, 약 2개월간의 상병수당을 통해 생계 유지에 많은 도움이 되었으며, 현재는 건강하게 직장에 복귀하여 근로를 이어가고 있다.

2024년 1월 보건복지부는 상병수당 최종 3단계 시범사업 지역 선정 모집을 공지했다. 3단계 시범사업의 상병수당 지원 요건 대상에는 질병·부상으로 8일 이상 연달아 일을 하지 못하는 사람 중 건강보험 직장가입자, 고용·산재보험 가입자, 자영업자 중 가구합산 건강보험료 기준중위소득 120% 이하, 재산 7억 원 이하 가구에 속하는 취업자가 포함된다.[8] 상병수당 신청 후 국민건강보험공단의 자격심사와 인증 등을 거치면 급여를 받을 수 있는데, 2024년도 기준 최저임금의 60%에 해당하는 일 47,560원을 지급하는 것을 주요 내용으로 시범사업을 진행중이다.*

꼭 재난적 의료비 때문이 아니더라도 노동자가 먹고살기 위해 아픈데도 쉴 수 없고 아파도 참고 일해야 한다면, 그리고 그러다가 정말 일할 수 없을 정도로 아파서 급속도로 가난의 굴레에 빠지게 되는 사회라면 의료보험제도뿐 아니라 그 사회의 소득보장 정책에 구멍이 있는 것이다. 인간이란 누구나 때로 아플 수밖에 없는데, 이것이 비참한 저주와 낙인이 되어버린다면 우리 사회의 어느 부분은 심각하게 실패하고 있다는 뜻이 아닐까.

---

* 상병수당 시범사업 시행 이래로(2022. 7. 4~2023. 12. 31) 총 9,774건이 지급되었으며, 1인당 평균 수급 기간은 18.5일, 평균 수급액은 84.7만 원이었다. 수급자 취업자격을 살펴보면, 건강보험 직장가입자가 73.3%(4,611명)으로 가장 많았으나, 자영업자 18.5%(1,165명), 고용·산재보험가입자 8.2%(514명) 등 다양한 직군의 노동자들이 상병수당을 수급받은 것으로 분석되었다. 보건복지부 보도자료, 「'일하다 아프면 맘 편히 몸 편히' 상병수당 신청하세요」, 2024. 1. 31.

6

공업도시 울산으로
: 조선업 하청노동자 연구

조선업 분야 대기업들의 부도 위기로 울산에 실업 한파가 불어닥치고 있다는 보도가 연일 나오고 있던 2016년이었다. 실업보험과 같은 소득보장제도는 노동자가 실직을 경험하면 작동하기 시작하는 제도인데, 대기업 제조업 노동자는 당연히 실업보험으로 포괄되는 대표적인 집단에 속한다. 하지만 잇따른 보도들을 보니 조선소를 넘어 울산 중공업 작업장 전체에 거대한 실업의 물결이 닥치는데도 사회안전망이 맥을 추지 못하는 듯했다. 나는 조선업 현장에서 우리나라의 소득보장제도가 대규모 실업자들에게 제대로 다다르고 있는지 연구하려 마음먹었다. 제도와 현실 사이에 누락된 이들의 삶, 그리고 제도는 왜 이들을 보호하는 데 실패하고 있는지 궁금했기 때문이다. 나는 지도 학생들과 함께 조선업에서 실업을 경험한 노동자들을 연구하고자 울산에 내려가기로 했다.

당시 대학원생이었던 박고은 선생과 김은지 선생은 모두 의욕적인 연구자였는데, 조선업 실업자 연구를 해보자는 제안에 흔쾌히 동의해주었다. 나는 이미 조선업 노동에 관해 깊이 있는 연구를 해온 한국노동연구원의 박종식 박사를 만나 자문을 얻고 여러 연락처를 소개받았다. 그리고 신문 보도들과 선행연구들을 꼼꼼히 읽고 정리하는 작업부터 진행했다.[1]

항구도시 울산에 다다르자 기차 창밖 너머 보이기 시작한 굴뚝과 컨테이너가 이색적으로 느껴졌던 그날을 기억한다. 매주 울산으로 내려가 하루씩 묵으며 최대한 많은 인터뷰를 진행해야 했으니 일정이 녹록지는 않았다. 노동자들을 주로 어둑한 저녁에 만나다 보니 인터뷰가 가능한 총 인원도 시간도 제한적이었고, 종일 조선소 근무를 마치고 온 분들을 만나다 보니, 얼굴에는 퇴근 뒤 피곤한 기색이 역력했다. 초기 면접조사는 제자 둘이 참고할 수 있도록 전적으로 내가 진행했다. 인터뷰가 끝나면 근처 카페나 식당에서 보고회의debriefing meeting로 일정을 마무리하며 함께 논점을 정리했다.

조선업 종사자의 80%는 하청노동자

막상 연구를 시작해보니, 대기업 부도로 인한 실업 한파가 밀어닥쳐도 공장은 여전히 돌아가고 있었다. 조선업 수주 실적이 급격히 저조해지면서 실업자가 늘었지만, 이내 피라미드식으로 이어진 수백 개 하청기업 노동자들은 여전히 장시간 고강도 노동을 하고 있다는 사실부터 확인할 수 있었다. 그날의 충격이 아직도 눈에 선하다. 어릴 적 개미 몇 마리를 따라가다 들어올린 커다란 돌덩이 밑에 깨알같이 움직이고 있던 수백 마리 개미들을 목격한 것처럼, 우리 사회에는 대기업 조선소 부도 위기라는 커다란 돌덩이 밑에 수많은 불안정노동자들이 보이지 않는 곳에서 더 열악한 조건으로 일하고 있었던 것이다. 우리는 신속하게 연구 주제를 조선업 '실업자'에서 조선업 '하청노동자'로 변경했다.

초기 면접에서는 전문가나 노조 간부 들을 통해 연구관심사인 노동시장과 노동자에 대한 큰 윤곽을 어느 정도 그릴 수 있었다. 하루는 자문을 받기 위해 수소문하여 한 활동가를 만나게 되었는데 그에 대한 기억이 오롯이 떠오른다. 깜깜해진 저녁 무렵 사무실 앞에서 그를 기다리는데, 멀리서 서서히 보이기 시작한 그는 내가 상상한 모습과는 달랐다. 자그마한 체구에 인상은 안개꽃같이 푸근했다. 그를 따라 오래된 건물의 계단을 올라 장판이 깔린 사무실 바닥에 앉으니, 빼곡하게 한쪽 벽을 차지한 수십 개의 산재 기록 파일들이 눈에 들어왔다. 무명 후원자 수십 명의 후원금으로 활동하고 있는 그의 입을 통해 연구자인 내가 결코 논문이나 기사로는 알 수 없었던 노동자의 일터와 삶에 대한 입체적 이야기가 흘러나왔다.

"원청이나 하청업체 사장들이 물량팀이나 하청노동자를 대하는 태도는…… 그 노동자가 죽지 않을 정도로만…… 그만큼 노동 강도가 세죠. 딱 빨대 꽂아놓고 그냥 빨아당기는 거라고, 우리는 그렇게 표현을 할 정도예요."

작지만 단호한 목소리였다. 그가 보고 기록해둔 노동자들의 누락된 삶이 몹시 궁금했던 우리는 목을 빼고 그 이야기에 귀를 기울였다. 그는 이미 500명 정도의 조선업 하청노동자를 대상으로 설문조사를 실시했는데, 응답자의 50% 정도가 구조조정 이후 노동 강도가 세졌다고 답변했다고 한다. 사람들을 많이 내쫓으니 적은 인원으로 그날 일을 처리하려면 노동 강도가 세질 수밖에 없다는 것이다. 게다가 인건비나 도급받은 물량에 대한 대가가 낮아진 탓에 일당도 이전에 비해 낮아졌다. 하지만 다른 선택지가 없는 하청노동자들은 낮은 임금을 받고도 더 빨리 노동을 해낼 수밖에 없는 구조였다.

2016년 조선업 구조조정 위기 전부터 업계에는 위기가 잠재되어 있었다. 한국 조선업은 2000년대까지도 세계 최고 수준의 수주 실적을 자랑하며 경제성장의 동력으로 칭송받았다. 하지만 지금은 어떨까. 조선업은 체계적인 기술교육과 철저한 안전 보장을 바탕으로 운영되어야 하는 산업인데도, 이미 한국 조선업 생산직 10명 중 8명은 사내하청 인력이었고, 이들은 공식적인 숙련체계나 임금체계에서 벗어나 있었다. 사내 하청업체에는 하청업체에 직접 고용된 노동자들이 있는데 이들은 '본공'이라고 불렸다. 그리고 그 아래 '하청의 하청'이라고 불리는 수백 명의 '물량팀' 노동자들이 있다. 물량팀의 유형은 다양한데, 일반적으로 물량팀이란 팀장 이하 10~30명 정도의 팀원으로 이루어진 팀으로서, 팀 단위로 하청업체와 '형식상의 도급계약'을 맺고 물량 단위로 일을 처리하는 고용 형태를 가리킨다. 그리고 이곳의 다단계 하청 구조에는 굴절된 임금체계와 숙련체계가 작동하고 있었다. 예를 들어 물량팀에 소속되어 기술을 배우려는 신입 노동자는 일단 청소부터 시작하며 일을 동료에게 비공식적으로 배워나가는 경우도 많았다.

원청업체는 하청업체와 단기계약을 맺는데, 하청에서 주어진 물량을 기한 내 생산해내지 못하면 원청업체로부터 낮은 평가를 받을 수 있다. 원천적으로 수직적 관계에 있는 하청업체들은 낮은 비용으로 물량을 맞추기 위해 또다른 물량팀과 이렇게 다시 하청계약을 한다. 이렇게 하청, 하청의 재하청 방식으로 일하고 있는 수많은 하청노동자들은 전체 한국 조선업 종사자의 약 80%를 차지한다. 철저하게 위계화된 다단계식 고용구조 속에서 하청업체 노동자들은 가장 위험한 일을 하면서도 가장 열악한 대우를 받고 있었다. 현대중공업이 하청노동자 산재사망자 수치를 통계에 처음 포함시킨 것은 1995년이었는데, 2005년부터 2021년 10월 사이 산재사망자 중에는 하청노동자가 원청노동자보다 훨씬 많았다. 이 기간 하청노동자 산재사망자 수는 66명으로, 원청노동자 산재사망자 수 29명에 비해 2.3배나 많았다.[2] 그런데 이러한 수치는 빙산의 일각에 불과하다. 더욱 심각한 것은 하청노동이 조선업만의 문제가 아니라는 것이다. 업종을 망라하고 한국의 노동시장에서는 이러한 하청구조가 빠르게 확산되고 있다.

어느 인터뷰에서는, 산재사고를 눈앞에서 목격한 노동자의 진술을 들었다.

"내가 아는 형님이…… 한 30m 높이에서 추락해서 사망하는 사고가 있었어요. 근데 사람들이 그냥 피 닦고, 바로 일을 하더라고요. 그런 거 보면서 사람이…… 이게 막 미치는 거예요. 그래서 여기…… 사람 일할 곳이 아니라는 걸 되게 많이 느꼈어요."

하지만 그는 여전히 그곳에서 일하고 있었다. 일하다가 죽는 것이 그렇게 '흔한' 일이라는 사실을 그때 처음으로 알게 됐다. 조선업 하청노동자로 일하면서 업체의 잦은 폐업, 단기 계약, 저임금 등으로 불안정한 일자리를 전전하는 광경이 그려졌다.

책임지지 않는 원청, 모든 부주의는 노동자 책임

우리나라 노동시장에 만연한 하청, 파견, 아웃소싱 방식의 계약관계망에서 업체, 고용주, 그리고 다양한 형태로 일하고 있는 노동자들 간의 관계를 살펴보면 책임은 확연히 비대칭적이다. 하청구조는 원청기업이 자신의 회사를 위해 일하는 노동자에 대해 그 어떤 책임도 지지 않을 수 있다는 점에서 원청에게는 손쉬운 구조다. 어떤 상황에서건, 즉 노동자의 임금이나 퇴직금이 체불되어도, 심지어 산재로 사망해도 하청업체 고용주와 노동자들끼리 알아서 해결할 일이다. 근로환경 개선, 임금 협상 등 골치 아픈 갈등도 고용주가 노동자를 직접 고용하지 않으면 신경 끌 수 있다. 원청업체는 더 낮은 단가로 같은 일을 전담할 업체와 계약만 맺으면 그만이다. 간접고용도 마찬가지다. 제빵회사 가맹점에서 일하는 제빵기사들이 실질적으로는 본사의 지휘, 감독을 받으며 일하는데도 본사는 직접적인 고용을 회피하려 한다. 공공부문은 어떤가. 공공부문에서 이루어지는 상시적인 업무조차 상당 부분 민간위탁으로 외주화되어 운영되며, 이에 따라 노동자들에 대한 기관의 책임도 가벼워지고 있다. 복잡한 다단계 방식의 하도급과 아웃소싱의 구조 속에서 맨 밑단의 노동자에게 문제가 발생했을 때 누구에게 책임을 물어야 할지 모호해지는 것이다. 가장 쉬운 방법은 '노동자의 부주의'로 처리하는 것이다.

불안정노동자와 인터뷰를 진행하며 이루어지는 모든 연구과정은 심리적으로나 육체적으로 고단하다. 특히 임금체계가 부재하고 산재보험이나 고용보험 등 사회보장제도의 사각지대가 이처럼 버젓하게 그리고 광범위하게 존재한다는 사실을 발견하는 순간에는 무력감을 느낀다. 정책과 불안정노동자의 삶의 간극 앞에 학문적 발견이라는 작은 성취감은 무색해진다.

박고은 선생, 김은지 선생과 여러 차례 울산을 오가며 진행했던 연구는 2017년 「한국 사회안전망 밖의 하청노동자: 울산지역 조선업 하청노동자 사례를 중심으로」[3]라는 논문으로 출간되어 보다 많은 사람들에게 유통되었는데, 자료를 정리하고 논문을 완성하는 과정뿐만 아니라 학회에서 연구 결과를 발표하는 전 과정도 긴장되었다. 불안정노동자들의 위태로운 현실을 단순히 연구 대상으로 삼아 학술적 호기심을 충족할 소재나 흥미로운 연구주제로만 취급하는 것은 아닐지, 그래서 불안정노동자의 삶을 연구 결과로 전하는 것이 일종의 '전시'로 전락하는 것은 아닐지 하는 반문을 마주하게 되었기 때문이다.

원·하청 구조 속, 기피되는 사회보험 가입

다시 앞의 문제로 돌아가보자. 우리나라에서는 실직한 노동자가 실업급여를 받을 수 있도록 고용보험이라는 사회보험체제를 갖추고 있다. 실업급여의 목적은 실직자의 생활 안정을 돕고 재취업을 위한 구직활동을 장려하는 것이다.[4] 하지만 모든 실업자가 급여를 받을 수 있는 것은 아니다. 고용보험에 가입되어 있고 일정 기준을 충족한 실업자만이 받을 수 있다. 또한 실직 이유도 비자발적인 것이어야 하며, 수급 신청 과정에서 적극적으로 다른 일자리를 찾고 있다는 것을 증명해야 한다.

그런데 이미 고용보험 가입에 있어서도 근로형태별 격차가 나타난다. 2022년 기준 전체 근로자(특수형태 제외) 중 실업급여 수급 조건이 되는 고용보험 가입률은 91.8%로, 전체 근로자 10명 중 9명은 고용보험에 가입했다고 집계되었다. 하지만 고용 형태에 따른 고용보험 가입률은 상당한 차이가 나타나는데 정규직 근로자의 94.6%가 고용보험에 가입한 데 비해 일일 근로자와 한시적 근로자의 경우 각각 64.3%, 51.2%에 그쳤다.[5] 내가 조사한 울산 지역의 하청노동자들 역시 고용보험 미가입자거나 가입자라 하더라도 수급 조건이 충족되지 않아 실업급여를 받지 못했다. 원·하청 구조 속에서 납품 경쟁을 통해 계약을 맺은 하청업체들이 인건비 절감으로 수익을 유지하고자, 하청노동자들의 사회보험 가입을 회피하는 것이다. 더불어 낮은 소득과 불안정한 고용상태로 인해 노동자들의 사회보험 가입 선호도 역시 낮다고 분석되었다.

이와 같은 연구를 진행하면서 종종 들었던 회의감은 정책제안을 기술할 때 더 짙어지기 마련이다. 모든 제도와 정책은 서로 얽힌 뫼비우스의 띠처럼 어느 하나만 해결해서는 답이 보이지 않는다. 우선은 원청과 하청의 비대칭적 구조 자체를 개선하는 것이 중요한 과제이다. 하청노동자들의 열악한 근로조건과 사회보험 미가입 문제는 원청기업이 비용 절감을 위해 책임과 위험을 하청업체로 전가하는 구조에서 비롯된다. 따라서 원청기업이 하청노동자들의 근로조건 관리와 사회보험 가입에 책임을 지도록 법적 규제를 하는 것과 함께, 하청구조를 합리화할 제도적 개혁이 필요하다. 문제는 선행해서 할 일들을 따지는 사이에 그 어느 하나도 '먼저' 실행되지 못해서 어제도, 오늘도, 그리고 내일도 노동자가 쓰러진다는 점이다. 하나씩 자꾸만 유예하다가 노동자가 피눈물을 흘리는 사회, 일하다가 죽어도 죽음의 책임을 유가족이 밝혀야 하는 사회에 살게 된 지 너무 오래되었다. 한쪽은 책임이 너무 가볍고, 다른 한쪽은 너무 무거워서, 결국 약한 개개인에게만 비대칭적으로 기울어져 있다. 일상에서 매일 마주치는 불안정노동자의 현실과 삶에 대해, 이를 연구하는 학자의 몫과 책임은 어디까지일까. 불안정노동에 대한 분석 결과가 도출되고 연구가 종료되어도 연구자로서 또다른 질문이 남는다.

7

해고, 추락의 시작
: 정규직 노동자는 어떻게 외부 노동시장으로 밀려나는가

　책상에 앉아 정규직과 비정규직의 격차 분석을 진행하던 어느 날 오후, 신뢰하는 친구이자 연구자인 김승섭 교수의 전화를 받았다. 주로 노동자와 취약계층의 건강을 연구하는 사회 역학자인 그는 쌍용자동차 해고자의 건강에 관련된 연구를 시작한다고 했다. 1997년 IMF 경제위기 때도 우리나라에 대량 정리해고의 경험이 있었지만, 정리해고가 한국 노동자의 건강에 어떠한 영향을 미치는지에 대한 연구가 부족하다고 그는 한참 열정적으로 설명했다. 그런데 자신은 해고와 건강의 연결고리를 연구하지만 노동시장 이론이나 실직자를 위한 제도에 대해서는 잘 모른다며 내게 연이어 여러 질문을 했다.

　2009년 쌍용자동차 공장에서 벌어진 대량 정리해고와 이후 이어진 이들의 복직 투쟁 소식은 언론에서 자주 보도되었다. 잘 나가는 자동차 회사에서 수백 명이 순식간에 해고당한 사건과

이에 대한 정부의 과도한 진압으로 이미 이 사건은 사회적인 이슈가 되었다. "안정적인 일자리에서 일하다가 하루아침에 해고되었으니, 삶이 무너지는 모습이다. 너무 이상한 것 아닌가"라고 묻는 그의 질문에 나는 "그래도 실업보험이나 재취업 훈련도 있지 않겠느냐"라고 답했었다. 그가 이미 살펴본 데이터를 바탕으로 이런저런 대화를 나누던 중, 김 교수는 내게 이 상황을 뭐라고 표현할 수 있을까 물었다. 내 대답은 이랬다. "이건 완전 미끄럼틀 타고 쭉 미끄러진 것"과 같다고. 우리는 이미 불안정한 고용관계에 있는 비정규직이 아닌, '정규직' 노동자가 정리해고를 겪은 이후 다시 삶을 찾아가는 과정에서 국가는 어떤 역할을 하는지, 다시 올라갈 수 없는 사회적 미끄럼틀은 어떻게 구성되는지에 대해 분석하기로 했다. 바로 이것이 정규직 노동자의 해고 이후에 대한 연구가 착수된 배경이었고, 연구결과는 「쌍용자동차 정리해고와 미끄럼틀 한국사회」[1]라는 논문으로 발표했다.

쌍용자동차 정리해고자 2,646명의 싸움

쌍용자동차 정리해고 사태는 상하이자동차가 4년 만에 경영권을 포기하고 2009년 1월 정부에 법정관리 신청을 하면서 발생한 구조조정과 대량해고 과정에서 시작되었다. 쌍용자동차는 국내 5대 완성차 기업 중 하나로 자동차 제조업 부문의 대기업이다. 2000년 초 전 직원이 2만3,000여 명에 이르던 대기업 쌍용자동차는 경영난으로 2004년 중국 상하이자동차로 매각되었다. 이후 상하이자동차에서는 신차 개발투자를 제대로 하지 않았고, 국제적 경기불황까지 겹치며 판매량이 급감했다. 쌍용차 인수 당시 상하이자동차는 대규모 생산설비 투자와 고용 승계를 노조와 합의했지만, 약속은 지켜지지 않았다. 결국 상하이자동차는 쌍용자동차의 기존 생산모델 기술을 자국으로 가져간 뒤 한국 정부에 법정관리를 신청하고 중국으로 철수했다.[2]

2009년 4월, 쌍용자동차는 경영위기를 극복한다는 명목으로 구조조정을 결정했다. 주로 인력 감축을 골자로 하는 정리해고였는데, 이때 정리해고 대상은 전체 직원 7,130명의 37%인 2,646명이었다. 특히 이 숫자에는 기능직 근로자의 45%가 포함되어 있었다. 이런 상황에 대해 노동자들은 반발했고, 2009년 5월 21일부터 총파업에 돌입했다. 이들은 쌍용자동차의 평택 공장을 77일간 점거하며 농성을 벌였고, 이 과정에서 경찰과 충돌했다. 노동자들은 회사에 고용된 경비용역업체와 대치했고 다른 노동자들과도 충돌했다. 이 과정에서 많은 노동자들이 부상을 입었으며 일부는 사망했다.

결국 2009년 8월, 노사는 합의를 통해 해고 대상자 수를 조정했다. 해고자 976명 중 468명은 무급휴직으로 전환되었고, 나머지는 퇴직, 징계해고 등으로 분류되었다.

이후 2010년 11월, 인도의 마힌드라그룹이 쌍용자동차를 인수하면서 상황이 조금씩 개선되었다. 그러나 그 기간 동안 많은 노동자와 그들의 가족이 사망했다. 2012년에는 노조지부장 등 3명이 송전탑에 올라가 농성을 벌이며 국정조사를 요구했다. 그리고 2013년 1월에는 노사가 무급휴직자 455명에 대한 일괄 복직을 합의했다.

쌍용자동차는 2012년에 직원을 고용했지만, 해고자들을 우선적으로 재고용하지 않았다. 결국 해고된 직원 187명은 2015년까지 복직하지 못했다. 이후 2018년 6월, 조합원 한 명이 스스로 목숨을 끊으며 이른바 '서른번째 죽음'으로 언급되었다. 이 죽음 이후, 정부는 '경찰청 인권침해 사건 진상조사위원회'에서 쌍용차 사측의 노조 진압에 관한 사실을 인정했고, 같은 해 9월 해고자 119명의 전원 복직에 합의하게 되었다. 구조조정이 결정된 지 10년 만의 일이었다.[3]

2018년 6월, 나는 평택의 장례식에서 동료의 죽음을 서른번째로 맞이한 쌍용자동차 노동자들을 참담한 마음으로 찾아뵈었다. 연구한답시고 인터뷰하고 논문도 쓰고 했지만 변한 것은 없는 현실에 무력하고 부끄러워서 조용히 조문하고 일어나려고 했다. 다행히 인터뷰이로 만난 적 있는 금속노조 쌍용차지부의 김정욱 사무국장님은 "이렇게 많은 분들이 위로해주셔서 힘이 됩니다. 여기 유가족분들께 인사드리고 가시면 좋겠습니다"라고 하시며 경황없는 와중에도 나를 반갑게 맞아주었다.

쌍용자동차 대량해고 사건에서 한국의 실업 안전망은 제대로 작동하지 않았다. 대신 이들의 권리는 시민사회와 언론의 관심 그리고 노조의 강한 연대활동에 힘입은 복직 투쟁을 통해 일부나마 지켜질 수 있었다. 그러나 안정적인 일자리로 불리는 내부 노동시장에서 한번 이탈하면, 많은 경우 다시는 이전의 내부 노동시장으로 돌아오지 못하는 것이 일반적이다. 해고를 통해 한번 미끄러지면 다시 그 위치로 복귀하기 어려운 것이다.

내부 노동시장 vs. 외부 노동시장, 이중 노동시장론

　'이중 노동시장론'은 노동시장이 내부 노동시장과 외부 노동시장으로 분절되어 있다는 이론으로, 내부 노동시장에 속한 '내부자'는 고용안정성, 고임금, 기업 내 숙련 형성 기회 및 승진 체계를 갖는 것이 특징이다. 일반적으로 종사상 지위는 정규직이다. 반면 외부 노동시장에 속한 노동자는 고용불안정, 저임금, 숙련 형성 기회 및 승진 체계의 부재를 특징으로 하며 종사상 지위는 비정규직인 경우가 많다.[4] 이러한 노동시장 이중화는 내부자와 외부자로 갈리는 두 범주의 집단에 대해 사회정책이 차등 적용되거나, 기존의 사회정책이 변화된 노동시장의 특성을 반영하지 못함으로써 새로운 형태의 제도적 이중구조가 생겨나는 것을 의미한다. 즉 기존의 제도로 노동시장의 이중구조는 더욱 심화된다.[5] 노동시장 이중구조에 대해서는 여러 연구가 수행되어왔는데 이 연구들은 고용 형태뿐 아니라 기업 규모, 젠더, 임금, 사회적 보호 유무를 통합적 또는 개별적으로 고려하여 다양하게 구분된다. 한국의 경우 정규직과 비정규직으로 구분되는 고용 형태, 대기업과 중소기업 간의 격차, 이 두 가지가 노동시장 이중구조의 내부자와 외부자 지위를 중첩적으로 반영하는 가장 대표적인 기준으로 분석되었다.

　여러 연구들은 내부 노동시장의 노동자와 외부 노동시장의 노동자 간의 격차에 주목해왔다. 쌍용자동차 해고 사건을 통해 내가 이해해보고 싶었던 것은, 내부 노동시장에서 한번 바깥으로 밀려난 노동자는 어떤 삶을 살아가게 되는가였다. 내부 노동시장에서 일하던 노동자가 외부 노동시장으로 미끄러진 경우에 경험하는 어려움을 이해한다면 내부 노동시장과 외부 노동시장의 격차를 해소하는 방안을 찾는 데도 실마리를 얻을 수 있다고 보았다. 정규직 노동자가 해고를 경험한 후 사회보장제도가 왜 제대로 작동하지 않는지, 그래서 왜 아무런 안전장치 없이 미끄럼틀을 타고 외부 노동시장으로 추락하게 되는지, 그리고 추락 이후 다시 좋은 일자리로 복귀하는 것은 왜 그토록 어려운지에 대한 연구가 필요했다. 노동자들이 해고와 같은 위험을 경험할 때 실업보험이 안전망으로 기능해야 하는데도, 한국의 이중 노동시장이라는 현실에서는 왜 작동하지 않는지 또한 살펴보고 싶었다.

한국에서 집단해고는 왜 이토록 쉬운가

이중 노동시장의 내부적 위치에서 추락하는 것은 대개 정리해고*로 시작된다. 해고는 노동자의 고용안정을 위협하며 노동자와 가족의 삶을 위태롭게 하기에, 근로기준법은 정당한 이유 없이 근로자를 해고하는 것을 금지하고 있다. 사용자가 경영상 이유로 해고할 경우에는 여러 엄격한 기준을 따라야 한다. 또한 경영상의 이유로 정리해고가 발생하더라도, 상황이 개선되면 해고된 근로자를 우선 고용해야 하는 제도가 있다. 하지만 쌍용자동차 정리해고 사태에서는 이러한 근로기준법이 제대로 이행되지 않

---

* 정리해고는 사용자의 사정으로 인해 발생하는 해고를 의미하며, 법적으로는 '경영상 이유에 따른 해고'라고 정의한다. 하지만 해고를 정당화하는 경영상의 이유가 무엇인가에 관한 해석은 논쟁적이다.

았다.

한국에서의 '집단해고 보호 수준'을 국제적으로 비교해볼 때, 개별해고에 비해 집단해고가 더욱 쉽게 이루어질 수 있음을 알 수 있다. 해고 통보를 단시일 안에 해도 규제가 없고, 해고에 따른 고용주의 부담(재고용, 퇴직금 지급, 직업훈련 등)도 크지 않기 때문이다. 한국의 근로기준법은 집단해고의 기준을 정할 때 노조의 참여를 명시하고 있지만, 해고 대상을 선정하는 구체적인 기준에 대한 설명은 부족하다. 또한 집단해고가 발생했을 때 지급해야 하는 퇴직금에 대한 특별한 규정이 없어, 이로 인해 고용주가 느끼는 부담은 상대적으로 낮다.

쌍용자동차의 대량해고 사건 이후, 사측은 해고를 피하기 위한 노력을 하지 않았다. 또한 해고 노동자를 지원하려는 계획도 미리 세우지 않았다. 따라서 쌍용차의 '긴박한 경영상 이유'라는 해고 이유가 합법적이라고 해도, 그 정당성에 의문을 제기할 수밖에 없었다.

해고 노동자들의 불안정노동자화, 이들 곁에 제도는 부재했다

김승섭 교수와 나는 해고 노동자들과 몇 차례 인터뷰를 진행하며 설문지를 만들었다. 우리는 2009년 쌍용자동차의 대량해고 이후 아직 복직하지 못한 노동자들 중, 해고 이후 6년 동안 다른 일자리 경험이 있는 116명을 대상으로 설문조사를 진행했다. 김승섭 교수는 해고와 이들의 건강 간의 연결고리를 밝히는 연구도 진행중이었기 때문에 큰 틀의 설문지 구성은 그의 연구실 팀원들이 담당하고 완성했다. 설문에서는 2009~2015년까지 매년 주로 어떤 일을 했는지를 물었는데 이 질문에 대한 답변을 보면, 안정적인 일자리에서 일하던 고숙련 노동자들이 시간이 지남에 따라 근로조건이 좋지 않은 일자리에서 일하게 되었음을 알 수 있었다. 조사 결과 일용직을 얻거나 아웃소싱, 즉 다른 회사의 하청업체에서 일하는 것이 가장 일반적인 고용 형태였다. 보험 판매, 농사일, 화물 운송업 등도 있었다. 대기업 자동차 회사의 숙련된 기술자들은 삶의 풍경이 바뀌었다.

우리는 고용보험 취업지원 제도가 실질적으로 재취업에 어떤 영향을 미쳤는지를 물었는데 "2009년 이후로 취업, 창업, 능력 향상을 위해 교육이나 훈련을 받았는가?"라는 질문에 대부분의 사람들이 "받지 않았다"라고 답했다. 그 이유를 물었더니, "교육이나 훈련에 대한 정보를 얻지 못했다"는 답과 "훈련기간 동안 수입이 줄어들기 때문"이라는 답이 가장 많았다. 설문지 조사를 바탕으로 한 이 연구에서는 구체적인 인터뷰를 진행한 것은 아니지만, 이후 다른 제조업 분야 노동자를 인터뷰할 때도 유사한 답을 종종 들었다. "실업급여 액수가 너무 낮아서 생계유지를 위해서는 아무 일자리라도 얼른 진입한다"거나 "고용보험에서 제시하는 재훈련제도는 기존의 일과 성격이 많이 달라서 다음 일자리를 위한 훈련으로 여겨지지 않는다"는 것이다.

그렇다면 해고 노동자가 취직하는 과정에서 실질적으로 도움을 준 사람은 누구였을까? "2009년 이후 취직하면서 도움을 받은 사람은 누구인가?"라는 질문에 가장 많은 사람들이 "친구나 지인"이라고 답했다. 정부에서 운영하는 고용센터의 도움을 받은 이는 9%에 불과했다.

실업급여 제도의 문제, 소득에 비례하지 않다

실업보험이 실직 노동자에게 어느 정도 안정적인 소득을 지원하면서 재취업을 돕는 것이 목적인 사회안전망이라면, 이 제도가 제 기능을 하기 위해서 실업급여 액수도 중요하다. 고용보험의 실업급여액은 실업 이전 3개월 동안의 평균임금을 기준으로 산정한다. 이 급여액 산정의 기초가 되는 임금액을 '기초일액'이라고 한다. 실업급여액은 1995년 고용보험 최초 도입 당시 기초일액의 50%로 정해졌다가 2019년 개정되어 60%로 상향되었다. 그런데 실업급여액에는 상한선과 하한선이 있다. 최저임금으로 계산한 기초일액의 80%가 급여의 하한액이다. 따라서 최저시급이 오르면 하한액도 자동으로 오른다. 반면 상한액은 시행령에서 정한다. 2024년 기준 기초일액 상한은 11만 원이다.

이런 구조로 인해 한국의 고용보험은 거의 정액급여flat rate에 가깝게 지급되는 모양새다. 상한액에 제한을 둔 만큼, 실업 전 소득이 제대로 반영되지 않는 것이다. [표3]에서 각 수치는 실업급여 신청자 중 실업급여액 수준별 수급자의 비율을 나타낸다. 최저임금 상승으로 하한액 적용자의 임금 대체율은 지속적으로 증가하고 있지만 상한액은 좀처럼 변하지 않고 있다. 2020년에는 제도의 본래 설계목표이기도 한 평균임금의 60%만큼을 받는 수급자의 비중이 2.7%밖에 안 되는 기형적인 모습이 나타난다. 반면 하한액 적용자는 78.5%나 된다. 같은 자료에서 2020년 기준

[표3] 실업급여 수급 현황 분석(2020)

(단위: %)

	2018년		2019년		2020년	
	비중	대체율	비중	대체율	비중	대체율
전체	100	60.1	100	64.2	100	62.1
상한액 적용자	17	30.3	14.1	31.7	18.8	32.2
60% 적용자	2.2	50.0	2.2	51.0	2.7	58.7
하한액 적용자	80.8	78.7	83.7	80.7	78.5	84.0

*출처: 윤정혜, 「실업급여 제도 개편과 구직급여 수급 현황 분석」, 한국고용정보원, 2020.

상한액 적용자가 받는 실업급여는 실업 전 평균임금의 32.2% 수준에 그친다. 과연 실직 전에 받던 임금의 32.2%의 소득으로 같은 경력의 다른 일자리를 찾거나 재훈련을 받을 수 있을까. 생활수준의 급격한 저하가 충분히 그려진다.

그렇다면 한국의 실업급여 수준을 국제적 기준과 비교해보자. OECD는 2023년 5월 보고서[6]에서 한국의 고용보험은 소득비례 성격의 보험이라기보다는 사실상 정액급여이며, 모든 사람에게 소득비례 방식으로 소득보전을 제공하는 보험이 아니라고 언급한다. 고용보험의 하한액은 OECD 국가 중에서 평균소득 대비 가장 높은 수준이지만 상한액이 낮아 소득대체율 구간이 매우 좁기 때문이다. [표4]의 그래프는 평균임금을 받는 전일제 노동자의 실업 이전 소득을 100으로 했을 때, 각국의 주요 실업급여 제도의 소득대체율 범위(2020년 기준)를 나타낸다. 한국은 하한액 수준이 덴마크 다음으로 높지만, 소득대체율 범위가 한국보다 좁은 국가는 아이슬란드·그리스·영국 3개국뿐이다. 스위스·룩셈부

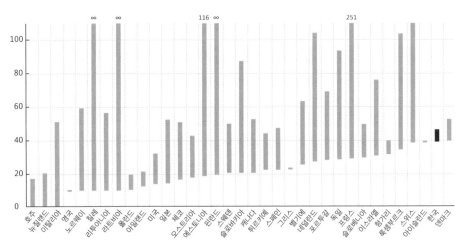

[표4] 각국의 실업급여 제도의 소득대체율 범위(2020)

*출처: OECD, 「포괄적인 한국 사회를 만들기 위한 급여 개혁안」, 2023.

르크·프랑스·네덜란드 등은 상한액이 100에 근접하거나 넘어선
다. 핀란드·라트비아·칠레는 아예 상한액이 없다.

　하지만 현실에서는 하한액에만 집중하여 실업급여 축소 개혁
이 시급하다는 주장이 종종 제기된다. 최근의 한국 정부가 대표
적이다. OECD 5월 보고서 발표 두 달 후인 7월에 고용노동부
장관은 이를 인용하여 높은 하한액만을 언급했다. 서울지방고용
노동청 실업급여 담당자는 청년들이 "실업급여로 샤넬 선글라스
를 사든지 옷을 사든지" 즐기고 있다고 주장했고, 한 국회의원은
"실업급여가 악용되어 달콤한 보너스란 뜻의 '시럽급여'라는 말
이 나오지 않도록 해야 한다"고 말하기도 했다. 그러나 OECD
보고서에는 하한액뿐만 아니라 '급여의 짧은 지속 기간'도 함께

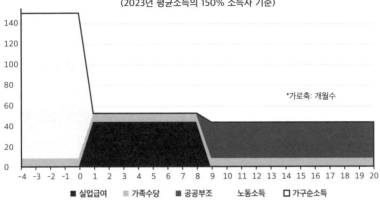

[표5] 한국에서 실업 이후 월별 가구 가처분소득의 변화
(2023년 평균소득의 150% 소득자 기준)

*가로축: 개월수

■ 실업급여   ■ 가족수당   ■ 공공부조   노동소득   □ 가구순소득

*출처: OECD Tax-Benefit Models and Policy Database, 저자 추출 후 재구성(2024. 2. 28.)

언급되고 있다. 한국에서는 장기실업에 대해서 고용보험이 보호를 제공할 수 없는 것이다.

OECD는 각국의 조세 및 급여구조에 대한 표준적 비교틀인 'The OECD Tax-Benefit Model'(이하 TaxBEN)을 제공하고 있다. [표5]는 꾸준히 사회보험 기여금과 조세를 납부했고 일자리에서 평균임금의 150%를 받았던, 4세 및 6세 아동 포함 4인 가구의 40세 노동자가 실업 이후에 경험하게 되는 순 가구소득의 변화를 나타낸다. 실업급여가 충분히 지급되지 않는 구조로 인해 순 가구소득은 직전 소득의 절반에도 미치지 못하는 수준으로 떨어진다. 이나마도 수급 기간이 끝나면 생계급여·의료급여·주거급여 등 공공부조에 의존해야 한다.

[표5]의 가로축에서 0은 실직을 경험한 시점이다. 가령 이해를 돕기 위해 국민 월별 평균소득이 100만 원이라고 가정하면, 평

균소득의 150%에 해당하는 가처분소득이 있는 가구는 순소득이 150만 원이다. 이런 가구의 경우 실직을 경험하자마자 순소득은 50만 원 정도가 된다. 공공부조와 별반 차이가 없는 실업급여를 8개월 동안 받은 이후에도 일자리를 구하지 못하면 공공부조 대상이 되는 것이다.

실업급여의 기능이 제대로 작동하지 않으니, 대부분의 응답자들은 구직과정에서 사적 관계에 많이 의존했으며 정부 고용센터에서 제공되는 직업 알선 또는 취업 서비스 등의 활용도 단기 소득활동 중단으로 인해 매우 낮은 것으로 분석되었다. 결국 이들은 기초생활수급자인 빈곤층으로 떨어지기 직전까지 외부 노동시장을 전전하고 있는 것으로 분석되었다.

직업훈련을 통해 내부 노동시장으로 진입 가능한가?

지금까지 한국의 이중 노동시장에 대한 분석은 주로 외부 노동시장 및 비정규직의 불안정성에 집중해서 논의되어왔다. 제조업 부문 대기업의 정규직 노동자가 정리해고 직후 이중 노동시장의 외부자로 추락한 후 외부 노동시장에 지속적으로 머무른다는 것은, 한번 외부 노동시장으로 퇴출되면 내부 노동시장으로 재진입하기란 매우 어렵다는 것을 뜻한다. 이는 우리 사회에서 노동시장 내부자와 외부자의 간극이 크다는 것을 보여주는 동시에 재취업, 직업훈련 정책을 포함한 고용보험이 제대로 작동하지 않는다는 방증이다. 실제로 한국의 적극적 노동시장 정책은 단기 습득이 가능한 저숙련 노동 등 외부 노동시장 친화형 프로그램으로 이루어져 내부 노동시장에서 이탈한 노동자가 재진입하도록, 그 역할을 하지 못한다.

이렇듯 정리해고 노동자들에게 고용보험의 재취업 및 소득안정 기능이 제대로 작동하지 않는다면, 이들의 복직 요구는 살아남기 위한 유일한 선택지일 수도 있다. 77일간의 옥쇄파업과 굴뚝 위 고공농성으로 이어진 해고자들의 '목숨을 건' 복직 투쟁은 한국의 외부 노동시장과 내부 노동시장 간의 큰 간극을 방증하는 것이다. 이 가운데 적절한 사회안전망 없이 해고 규정을 완화하려는 시도는 내부자가 외부 노동시장으로 진입하도록 재촉할 따름이다. 다수의 학자들이 한국은 해고가 어려워 노동시장이 경직되어 있으며 고용유연성을 확대해야 한다는 주장을 하기도 하는데 이는 한쪽만의 입장이다. 고용보험과 같은 사회안전망이 제 기능을 못하는 가운데 해고가 쉬워진다면 불안정노동자만 확대될 뿐이다.

종종 소환되는 고용보험법의 개정안은 구직급여의 기여 요건을 강화하거나 실업급여 지급 수준을 하향 조정하려는 시도들이다. 여기에 도덕적 해이가 근거로 등장한다. 하지만 이미 실업급여의 실질적 소득대체율은 매우 낮아서 해고 노동자들에게는 큰 의미가 없었다. 특히 쌍용자동차에서 해고된 고숙련 기술자들은 어느 정도 안정적인 소득보장을 바탕으로 자신의 기술에 맞는 적절한 일자리를 찾아볼 여지는 적었고, 일단은 어떻게든 소득활동을 해야 했다. 고숙련자의 기술이 적절한 일자리에서 활용되지 못한다면 고용정책은 실패한 것이나 마찬가지다.

해외는 어떨까? 예를 들어 프랑스에서는 제조업 분야에서 실직한 40세 근로자가 최소 6개월 이상의 근무경력 등 특정 기준을 충족하면 실업급여를 받을 수 있다. '재취업 수당(ARE)'[7]으로 알려진 이 제도는 근로자가 이전 일자리에서 받았던 일일 임금의 57% 정도의 금액으로 실업급여를 지급한다. 기간은 노동자의 연령과 고용 이력에 따라 달라질 수 있는데, 53세 미만인 실직자는 최대 24개월까지 받을 수 있어 한국의 실업급여 기간과는 차이가 크다.

연구가 완료된 후 출간된 논문을 들고 우리는 평택의 쌍용자동차 노조 사무실에 다시 들렀다. 당시 44일째 단식중이던 김득중 지부장의 눈이 퀭했는데, 그는 단식 30일이 넘어가면서부터는 새벽 2시면 잠이 깨고 쉽사리 다시 잠들지 못한다고 털어놓았다. 「쌍용자동차 정리해고와 미끄럼틀 한국사회」라는 논문은 그동안 이중 노동시장의 외부자에 대한 관심을 바탕으로 마무리했지만, 새로운 우려를 남기기도 했다. 이중 노동시장 안의 간극이 고공의 높이만큼이나 크기에, 노동시장 유연화 전략은 노노勞勞가 서로 싸우게만 하고 결국 자본과 기업의 승으로 결말이 날 것 같다는 우려였다. 탄탄한 사회안전망을 구축하기 위한 논의에 반드시 힘을 보태야겠다는 마음도 간절해졌다.

8

아이들이 먹는 밥이 누군가의 삶을 담보로 한다면
: 여성노동에 대한 사회적 인정

2017년 민주노총 사회적 총파업의 일환으로 학교 비정규직 노동자들도 파업했다. 급식 조리사, 보조교사 등 학내 비정규직 노동자들은 임금인상 및 정규직과의 차별 해소를 요구했다. 학교 비정규직 노동자의 처우 개선을 위한 파업은 이후로도 2019년을 비롯해 몇 차례 더 있었지만, 그해는 한 국회의원의 발언과 당시 초등학생이었던 딸아이 때문에 특별히 기억에 남아 있다.

그날 나는 아침밥을 먹으며 딸아이에게 학교 급식은 나오는지, 선생님께서 안내한 내용은 없는지 물었다. 아이의 말로는 선생님께서 따로 설명해주신 것은 없다고 해서 나는 전학 오기 전 친했던 친구에게 연락해 거기는 급식이 나오는지 한번 물어보라고 했다. 아이가 "엄마, 수박이가 오늘 급식 대신 소보로빵이랑 요구르트 먹는대. 오늘 무슨 날이야?"라고 묻기에 나는 "너희들 점심밥 해주시는 분들이 좀더 좋은 환경에서 일하게 해달라고,

그 목소리를 좀 들어달라고 파업하는 날이야"라고 설명해주었다. 고개를 끄덕이던 딸은 이내 신나게 이전에 다니던 학교의 급식이 얼마나 맛있었는지, 동네에서도 맛있기로 유명했다는 둥 그 학교 급식을 뿌듯하게 회상했다.

'밥하는 아줌마'의 노동은 무시해도 좋은가

그날 오후가 되니 파업과 관련하여 여러 보도들이 나왔는데 당시 국민의당 원내수석 부대표였던 이언주 의원은 "본인 또한 아이를 둔 엄마로서 파업이 아이들의 밥 먹을 권리를 해쳐서는 안 된다"고 말했다. 그는 인건비가 올라가면 결과적으로 급식의 질이 떨어진다고 주장했다. 이어 조리사들을 두고 "간호조무사보다도 더 못한 요양사 정도" "밥하는 아줌마들"이라고 표현하거나 파업하는 노동자들을 "나쁜 사람들, 미친×"이라고 말했다는 보도도 있었다.

이언주 의원의 발언을 듣고 여러모로 매우 씁쓸했다. 그가 개인적으로 노동 3권의 보장을 얼마나 진지하게 이해하고 있는지, 머릿속에 어떠한 위계를 두고 특정 업종을 폄하하는지는 사실 더이상 관심을 가지고 싶지 않았다. 그보다 본인의 아이를 돌봐주고 밥을 지어주는 노동자들에게 이토록 무심할 수 있을까 싶었고, '밥하는 아줌마'는 곧 미숙련노동자라는 한국사회의 남성중심적 고정관념이 여과 없이 드러났다는 점이 참담했다. 그도 한국사회에 아이를 둔 수많은 부모 중 한 명이자 수많은 일하는 여성 중 한 명일 것이다. 그런데 누군가의 삶이 불안정해질지라도 내 아이의 밥 먹을 권리만은 보장되어야 하는 것일까. '아줌마'의 노동은 무시해도 되는 쉬운 일이라는 철저한 타자화를 부끄러움 없이 적나라하게 드러내도 되는 것일까.

임시직·일용직 비중이 높은 여성노동

우리나라에서 여성 임금노동자가 확대된 것은 1960~1970년대에 경공업 부문을 중심으로 농촌 출신의 젊은 미혼여성들이 노동력으로 동원되기 시작하면서부터다. 군사 쿠데타로 정권을 잡은 박정희는 1972년에 유신체제를 갖추면서 수출지향적 산업화를 경제발전 전략으로 삼았다. 공장들이 늘어나면서 한국 경제는 1970년대 내내 연평균 약 8%씩 급속 성장을 경험했는데, 국민들의 삶과 일하는 방식 또한 크게 변화했다. 어떤 이들은 생활수준이 오르고 장밋빛 미래를 그려보기도 했지만, 어떤 이들은 공장에서 가혹한 하루하루를 버텨내고 있었다.

이 당시 특히 젊은 여성들의 삶이 달라졌다. 1950년대만 하더라도 인구의 절대다수가 농촌에서 일했다면 1970년대부터 많은 여성들이 남성보다 더 빠르게 도시 임금노동자로 유입되었다. 경제발전에 큰 몫을 한 섬유, 의료, 전자산업과 같은 경공업 분야의 노동자는 대부분 여성이었다. 농촌의 딸들은 남동생이나 오빠의 공부를 돕기 위해, 그리고 고향집에 생활비를 보내기 위해 도시로, 공장으로 대거 진입했다. 하지만 여성의 임금은 남성의 절반에도 미치지 못하는 현실 속에서, 가부장적 이데올로기는 여성이 순종적이고 부지런히 일하길 강제했다. 한국 여성노동자들은 열악하고 비민주적인 근로조건 아래에서 이 비인간적인 불평등을 모두 삼켜냈다.

1980년대 이후에는 저임금 미혼여성 노동자의 부족으로 인하여 기혼여성이 새로운 노동 공급원으로 대두되었다. 이 시기 기혼여성의 경제활동 참가 증가폭은 남성이나 미혼여성 대비 높았고 특히 판매 서비스직에 종사하는 비율이 늘어나기 시작했다.[1] 일하는 한국 여성의 규모를 살펴보면, 1980년 46.3%에서 시작해 1990년대 후반 경제위기시 급락과 2008년 금융위기시 정체를 겪는 중에도 지속적으로 성장하여 2022년에는 현재 약 57%까지 증가했다. 하지만 이는 여전히 남성과 비교하면 20% 넘게 낮은 수준이다.

1990년대 중반 이후 임시직·일용직에 종사하는 여성들의 비율은 낮아졌다 하더라도 여성노동자의 수 자체가 늘었기 때문에, 여전히 남성에 비해 절대적으로 많은 수의 여성들이 불안정한 일자리에 종사하고 있다.[2] 남녀 모두 1999년과 2000년에 임시직·일용직 근로의 비중이 최고점에 달한 이후 지속적으로 감소했음에도 여성의 임시직·일용직 비중은 남성 대비 항상 높은 수준을 유지하고 있다.

[표6]에서 여성들의 연령대별 경제활동 참여율을 살펴보면 한국은 M자 곡선을 나타낸다. M자 곡선은 젊은 연령의 여성들이 남성과 마찬가지로 경제활동에 참여하지만 결혼 및 출산 연령대에 이를 중단했다가 이후에 다시 참여하는 현황을 보여준다. 출산기 및 육아기에 여성들이 노동시장을 이탈하는 것이다. M자형 곡선을 노동시장 내 직위로 구분하여 살펴보면 젊은 연령의 여

[표6] 여성 연령대별 고용 형태 분포(2022)

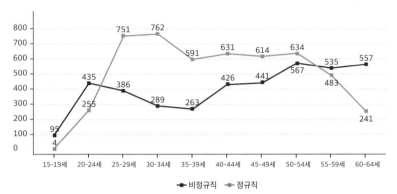

[표6] 여성 연령대별 고용 형태 분포(2022)

(단위: 천 명)

*출처: 김유선, 「비정규직 규모와 실태—통계청 '경제활동인구조사 부가조사'(2023. 8.) 결과」(한국노동사회연구소, 2023)를 바탕으로 저자가 그래프 작업함.

성들은 정규직 비율이 높지만 30대 후반부터는 비정규직이 늘어나고 40대에서 50대 사이에 비정규직 분포가 두드러지게 높게 나타난다. 50대 중반부터는 비정규직 수가 정규직 수를 앞지르기 시작하는 것을 볼 수 있다.

50대 이후 여성의 절반 이상을 비정규직이 차지하는 것은 여성의 생애주기에 따라 돌봄노동이 부과되는 것과 밀접한 관련이 있다. 결혼과 출산 이후 경력단절을 겪은 여성들은 40대 후반에서 50대 초반 노동시장에 재진입할 때 주로 비정규직으로 일한다. 50대 이후 중고령자가 되면 여전히 불안정한 일자리에서 일하거나 노부모, 나이든 남편, 또는 손주를 돌보는 무급노동을 한다.

한국 공공부문 내에서 가장 큰, 학교 비정규직 부문

다시 아이들의 교육과 돌봄이 이루어지는 학교와 유치원이라는 공간, 그리고 여성노동은 어떤 관계인지 살펴보자. 현재 학교 비정규직 규모는 전체 교직원의 거의 절반을 차지할 만큼 확대되었고 이는 한국 공공부문 내에서도 가장 큰 규모다.* 이들 상당수는 상시적인 고용불안정과 저임금의 열악한 노동환경, 학교 내 차별과 배제 등을 경험하고 있다.

이렇게 학교에 비정규직 노동자가 대거 유입되기 시작한 배경에는 경제위기 이후 본격화된 유연화 물결이 있다. 사회적으로는 맞벌이 가정이 증가하면서 집에서 이루어지던 '밥하기'와 '돌보기'에 대한 사회화 요구가 증가하기도 했다. 또한 김대중 정부 시기, 초·중학교에 급식이 도입되면서 조리 종사원이 늘어났고, 보조교사뿐만 아니라 특별활동 강사 등 학교 비정규직은 지속적으로 증가해왔다. 집안에서 여성의 무급노동으로 이루어지던 많은 일들이 이제는 공식화되어 집밖에서 이루어지는 듯하지만, 이 또한 다수 여성노동자의 저임금으로 수행되는 것이다.

2010년 이후에는 초등돌봄교실이 확대되면서 많은 돌봄교사들이 시간제로 학교에서 일하게 되었다. 학교에서 우리 아이들의 밥을 지어주고 돌봐주는 노동자 대부분은 불안정하게 일하고 있

---

* 학교 비정규직 노동자에는 조리사 등 급식 종사 노동자뿐만 아니라 보조교사, 특별활동 강사, 돌봄교사, 행정 실무자 등 다양한 직종이 모두 포함된다. 전국학교비정규직연대회의에 따르면, 2020년 기준 학교 비정규직 노동자는 약 20만 명으로 전체 교직원의 약 43%를 차지한다.

는 비정규직이다. 방과후 교사, 돌봄교사와 급식을 담당하는 조리사 중에는 여성 비율이 압도적으로 높은데, 여기에는 가사와 돌봄노동은 여성이면 누구나 쉽게 할 수 있는 일이라는 오랜 편견이 자리한다. 집안에서 비공식적으로 이루어진 노동이 가격이 매겨진 '노동'으로 상품화되었지만 돌보기, 밥하기 등은 '아줌마 노동'으로 간주되고, 그 숙련 정도는 구체적인 검증 과정도 없이 평가절하됐다. 특히 기혼여성이나 중년여성의 임금은 가계의 부수입원이라는 인식이 자리잡으면서 불안정한 일자리가 함부로 정당화된 면이 있다. 사적 영역에서 여성이 공적 인정을 받지 못한 채 담당해온 일들이 이제 노동시장으로 이전되었지만, 여성노동은 여전히 남성의 노동보다 쉽거나 부가가치가 창출되지 않는 저가치의 일로 간주되었기 때문이다. 그리고 여성은 저임금노동을 시키다가 쉽게 해고할 수 있는 집단으로 간주된다.

여성의 돌봄노동은 저숙련이라는 편견

돌봄노동자의 전체 규모 및 임금 변화를 분석한 김원정·임연규의 연구를 살펴보면, 지난 10년 동안 돌봄노동의 여성화 및 고령화가 더욱 심화된 상황을 알 수 있다.[3] 대부분 여성노동자인 돌봄교사는 시간제 계약으로 일을 하기에 초과노동은 임금에 반영되지 않는데, 실제로는 돌봄이 시작되기 전후로 잦은 초과 노동을 무급으로 수행하면서 높은 임금 불안정성을 겪고 있다. 연구에 따르면 보육교사는 돌봄노동자 중 돌봄 전문직으로 분류되지만 장시간 노동, 휴게시간 미보장, 높은 노동 강도, 저임금을 경험하고 있다. 또 기간제 계약이라 임금에 근무경력이 반영되지도 않는다. 돌봄노동이나 가사노동과 유사한 다른 서비스 직군의 여성노동자들의 노동도 공통적으로 높은 노동 강도에 제한된 휴식시간, 감정노동으로 인한 정서적 소진, 저임금의 특징을 보였다. 하지만 음식을 만들거나 청소를 하고 아이를 돌보는 일이 누구나 할 수 있는 쉬운 일이 아니라는 것, 이 노동을 한 번이라도 해본 사람은 알 것이다.

코로나19 팬데믹 시기 나는 연구팀을 꾸려 필수노동자를 대상으로 인터뷰 조사를 실시했는데, 방과후 초등 돌봄센터의 경우, 코로나19 시기에는 학기중에도 돌봄아동과 청소년 들이 오전부터 센터에 오게 되어 여성노동자들이 대면 돌봄 업무를 수행하는 시간이 증가했다. 그뿐만 아니라 온라인 수업을 듣기 위해 학생들이 일찍 센터에 오게 되자 점심을 제공하거나, 수업 수강 지도를 해야 하는 등 코로나로 인해 업무 범위가 확대되기도 했다. 이 시기에 봉사자 등 외부 인력의 출입이 제한된 것도 이들의 업무량이 증가한 배경이다. 결과적으로 돌봄교사는 인력부족과 업무증가로 화장실도 제대로 가지 못할 만큼 바빴지만 연차를 사용하기 어려운 구조로 인해 상당한 업무 피로에 시달리고 있었다.

날씨가 쌀쌀하던 2020년 11월 어느 날, 나는 정부 관계자들과의 미팅차 세종시에서 종일 일정이 있었고, 남편은 더 먼 곳으로 출퇴근을 했다. 다른 가족들도 하필 연락이 되지 않았던 그날 어린 막내가 종일 아팠다. 회의 주재자였던 나는 휴대전화를 보기 어려워 모든 일정을 마치고야 전화기를 들었는데, 방과후 돌봄선생님이 남긴 여러 개의 문자와 부재중 전화 수신 기록이 있었다.

아이는 교과 일정을 마칠 즈음부터 아프기 시작했는데, 담임 선생님께서 아이를 돌봄선생님께 맡기고 퇴근하시자 그분이 오후 내내 아이를 돌봐주신 것이다. 아이는 돌봄선생님 곁에서 꿍꿍 앓다가 하교한 누나와 연락이 되어 집에 도착했다. 급하게 기차를 타고 약을 사 들고 집에 도착하니—뛰어가다 계단에서 구두가 다 벗겨졌다—하얗게 뜬 얼굴로 아이가 겨우 잠들어 있었다. 등을 웅크린 채 색색 숨쉬는 아이를 보니 눈에서 눈물이 차오르고 다리에는 힘이 죽 빠졌다.

돌봄선생님께 문자로 감사 인사를 보내니 선생님도 안타까워 마음을 졸였다고 한다. 밤새 배 아픈 아이를 업어주다가, 죽도 만들어 먹여보다가, 안아주다가, 겨우 보살펴서 잠을 재웠다. 돌봄교실에서 선생님의 따뜻한 보호가 없었다면 이 아이는 어떻게 되었을까. 그날 밤 나는 지금까지 받은 돌봄, 받고 있는 돌봄, 또 앞으로 받을 돌봄을 헤아려봤다.

색색의 실이 엮여 한 사회의 풍경이 그려지듯, 좋으나 싫으나 우리는 서로가 연결되어 있다. 아이들이 먹는 밥이 누군가의 삶을 빼앗은 덕분이라면 그 밥은 맛있으면 안 된다. 학부모들과 우리 아이들은 이런 불편함을 계기로 공존의 방안을 같이 고민해야 한다. 돌봄노동자가 노동의 가치를 제대로 인정받기 위해 목소리를 높일 때, 우리는 종일 아이를 돌본 기억을 떠올리며 이들의 노동을 너무나 쉽게 평가절하한 것은 아닌지 되돌아볼 필요가 있다.

한국의 경제성장 이면에 무임금 또는 저임금으로 행해진 여성

노동의 가치를 인정해야 한다. 어찌 보면 한국의 많은 여성노동자가 종사중인 돌봄노동은 부가가치가 많이 창출되지도 않고 생산성 향상이 기대되는 부분도 아니다. 다만 누구에게나 필수적이고 기술 발전이 눈부시게 이루어져도 친밀감이 요구되는 특성상 여전히 노동집약적이다. 이 일이 기술로 대체되기 어려운 이유다. 지난날 용기 내어 파업에 참여하고 우리가 여성노동의 가치에 대해 고민하게 해준 '밥하는 아줌마'들께 지금도 감사하다.

3부

청년노동,
누가 무엇을 말하는가?

9

청년과 'MZ' 사이
: 청년정책조정위원회 활동에 참여하며

변화하는 노동시장의 구조와 환경에서 청년들이 가장 먼저 자기 세대의 새로운 불안정성을 감지하는 것일까. 2000년대 후반부터 자신들이 경험하는 문제를 직접 해결하려는 결사체들이 청년층 내에서 다양하게 구성되기 시작했다. 청년유니온은 청년노동자로 구성된 노조인데, '피자 30분 배달제'의 위험이라든가 커피체인점의 주휴수당 미지급 문제를 거침없이 비판하며 노동환경을 바꿔나갔다. 대학가 학생회는 반값 등록금 운동을 활발히 진행했고, 이어 민달팽이유니온과 같이 청년들이 경험하는 주거문제를 해결하려는 단체도 만들어졌다. 서울시를 비롯해 각 지역의 청년들은 '청년정책네트워크'와 같은 조직을 만들어 자신을 둘러싼 지역문제와 사회문제에 대응하는 물결을 만들어내고 있었다. 지역의 행정가와 시민단체, 노동조합 그리고 정치인들과도 연대하여 청년들은 자신이 속한 지자체에서 청년조례를 만드는 움직임도 활발히 이어갔다.

청년기본법이 제정되기까지

그간 청년정책은 신혼부부 대상의 주거정책이나, 산업정책과 뚜렷하게 구분되지 않는 일자리 정책이 전부였다. 하지만 부모 세대가 살아온 것과 매우 다른 지형의 사회와 노동시장에 들어선 청년세대는 여러 다른 표상을 보여주었다. 불확실의 시대 각자도생을 외치며 무한 경쟁하는 청년의 표상, 그리고 자기를 둘러싼 문제들을 스스로 해결해보고자 하는 청년운동가라는 표상.

사실 나는 전자의 청년집단에 집중하여 꽤나 우울한 마음으로 연구를 해왔었다. 하지만 두번째 표상들을 마주하게 되었을 때, 이들이 역동적으로 움직이고 있는 수많은 점조직과도 같다는 인상을 받았다. 이들은 적게는 4~5명이 모여 지역문제를 논하기도 했고, 크게는 지자체를 넘나들며 수십 명이 한데 모여 서로의 의견을 교환했다. 이들 중에는 미래에 정치인이 되고 싶은 이들도 있었지만, 생업에 종사하면서 그저 사회문제 해결에 참여하고 싶어하는 평범한 청년들도 많았다. 그 성격이 무엇이든 민주적 시민의식을 보이는 청년 결사체들은 수많은 토론을 통해 새로운 문제들을 논의하면서 청년 대상 사회정책의 근거를 마련하고 있었다.

'청년기본법 제정'을 위한 1만 명 서명운동이 일었고 마침내 2020년 8월 청년기본법이 처음으로 시행되었다. 2016년 20대 국회 출범 이후 당시 새누리당 신보라 의원의 청년기본법안 발의를 시작으로 청년기본법 관련 법안이 발의되었지만, 법안 제정을 위한 구체적인 논의로는 이어지지 못하며 총 7개의 법안이 국회에 계류되었다. 그러자 전국청년정책네트워크, 청년유니온, 민달팽이유니온 등 57개 청년단체가 청년기본법 제정을 위한 청년단체 연석회의를 구성하고 1만 명 서명운동, 국회 토론회 등의 활동을 이어가며 청년기본법 제정을 촉구하고 나섰다.[1] 이후 '청년미래특별위원회'가 구성되어 국회에 계류중인 7건의 청년기본법안들을 종합적으로 검토한 후, 여야 합의를 통해 2018년 5월 청년기본법(안)이 발의되었고, 2020년 1월 9일 국회를 통과했다.

한국 청년기본법은 제1조에서 드러나듯 "청년의 권리 및 책임과 국가와 지방자치단체의 청년에 대한 책무를 정하고 청년정책의 수립·조정 및 청년지원 등에 관한 기본적인 사항을 규정함을 목적으로 한다."[2] 청년기본법에는 청년의 법적인 연령 기준에 대한 규정(19~34세), 청년정책의 방향과 취약계층 청년에 대한 대책을 포함하는 청년기본계획 수립 내용이 담겨 있다. 주목할 특징으로는, 구성원의 2분의 1 이상이 청년으로 구성되는 '청년정책조정위원회(이하 청조위)'의 설치를 법안 내에 명시했다는 점이다. 청년을 대상으로 한 정책결정 과정에 당사자가 직접 참여하게 하고, 청년의 삶을 지원하는 국가의 책임에 대한 법적인 근거가 마련된 것이다.[3]

해외 청년보장제도의 실행

해외에서도 청년의 권리와 복지 향상을 위한 다양한 청년 관련 법안들이 존재한다. EU의 청년보장제도Youth Guarantee가 대표적인 사례다. 청년 보장 이니셔티브Youth Gurantee Initiatives는 특히 2008년 금융위기 이후와 코로나19 팬데믹 기간 동안 많은 EU 국가들이 경험한 높은 청년 실업률에 제도적으로 대응하는 성격이 강했다. 특히 청년들이 교육과정 이후 노동시장으로 진입할 때 경험하는 문제를 개선하여, 유럽 전역의 NEET* 비율을 낮추는 것을 목표로 했다.

'청년보장제도'의 개념은 조기 개입과 적극적인 지원이 청년들의 장기적인 고용 전망을 크게 개선할 수 있다는 인식에 뿌리를 두고 있었다. 비록 노동시장 정책이 주를 이루었지만, 기존 사회정책이 어린이, 노인 또는 취약계층에 집중하며 실행되어왔기 때문에, 청년층이 사회정책의 대상으로 주목받기 시작한 것은 새로운 변화였다.

앞에서도 썼지만, 청년이 노동시장에 진입하여 경력을 쌓아나가는 것은 이후 생애주기에 누적적으로 영향을 주는데, EU 각국은 코로나19 팬데믹이 특히 청년층에 미치는 부정적인 영향에 개입이 필요하다고 인식했던 것이다. 2020년에 EU는 청년보장제도의 범위와 효과를 확대하기 위해 30세 미만까지 더 넓은 연령의 청년을 대상으로 하되,** EU 전역의 다양한 청년들의 요구

---

* 니트NEET, Not in Employment, Education or Training는 현재 공식적으로 교육이나 직업훈련을 받고 있지 않고, 일도 하고 있지 않는 상태를 말한다.

** 각 국가마다 사회적, 문화적, 경제적 요인에 따라 청년의 법적 연령을 다르게 정의하고 있다. 교육 시기, 노동시장 진입 연령, 법적 책임의 범위 등이 국가별로 차이가 있어 청년의 나이대가 달라질 수 있다. '청년'의 나이는 국가마다 다르지만 대체로 법적으로 청년 대상의 지원제도가 마련되는 경우 적게는 25세, 많게는 35세까지도 청년을 정책 및 참여의 대상으로 규정하고 있다.

를 고려하여 보다 개별화된 지원 방식을 강조하기 시작했다. 맞춤형 정보 안내, 기술 습득 기회 제공, 현지 노동시장 정보 활용을 통해 각 지역 노동시장의 수요에 맞는 구인구직 활동 지원 등이 제도에 포함되었다. EU는 필요한 자원을 회원국이 확보할 수 있도록 '넥스트제너레이션NextGeneration EU'와 EU 예산의 상당 금액을 장기적으로 지원함으로써 운영을 뒷받침하고 있기도 하다.[4] 인상적인 부분은, 모든 회원국에서 청년 보장 코디네이터가 국가 차원의 청년 보장 이행을 감독하고 청년 보장에 대한 EU의 연락 담당자 역할을 한다는 점이다. 이러한 사례들은 국제사회에서도 청년층에 새롭게 주목하기 시작했음을 보여준다. 특히 이전과 다른 노동시장 구조에서 청년들이 새롭게 경험하는 불안정성에 집중하며, 청년이라는 인구집단에 대한 제도적 지원이 국제적 차원에서도 마련되는 흐름을 확인할 수 있다.

청년정책조정위원회의 구성원은 누구인가

정부부처 간 청년정책을 조정하는 청년정책조정위원회는 국무총리를 위원장으로, 실무부처는 국무조정실로 두었다. 나는 초대 민간부위원장으로 선임되었는데,* 사실 청조위의 일원이 된 것이 내가 계획하거나 바랐던 바는 아니었다. 새로운 만남과 배움의 기회, 무엇보다 각성의 순간들이 바로 한 골목만 지나면 내 앞에 밀려들기 시작하리라는 것을 그때는 정말 몰랐다. 청조위에서 다양한 청년들을 직접 만나 인연을 맺었던 것이, 지금 돌아보면 가장 큰 공부였다.

청조위는 가장 젊은 정부위원회였다. 이 위원회는 위원장인 국무총리를 비롯해 관계 중앙부처 장관 17명, 지자체 협의체 추천 지자체장(광역1, 기초1)을 포함한 당연직 위원 20명, 위촉직 위원 20명으로 구성된다.** 위촉직 위원 20명은 청년기본법 시행령에 따라 위원의 50% 이상을 청년으로 위촉해야 하며, 청년정책 전문가 또는 청년단체 대표 등 청년을 대표하는 사람으로 구성된다.[5]

제1기 청조위의 민간위원 20명 중 12명이 청년으로 구성되었으며 직업은 청년사회적협동조합 이사, 장애인 관광협회 대표, 청년 스타트업 기업가, 청년단체 활동가, 정당의 당원 활동을 해온 청년, 그리고 프로게이머 이력을 가진 유명 유튜버에 이르기까지 다양했다. 나는 비수도권 출신 청년들의 수가 적어 아쉽다

---

* 청년정책조정위원회의 부위원장이 되면서 다른 국가에도 이와 같은 위원회가 있는지 살펴보았다. 국가마다 차이는 있어도, 정책 수립에 청년의 적극적인 참여를 보장하기 위해 정부 차원의 청년위원회를 설립한 국가들이 적지 않았다. '유럽청년포럼European Youth Forum'은 대표적인 예다. 이는 국가별 청년위원회와 청년 관련 국제 NGO를 포함한 유럽 내 청년단체를 위한 플랫폼이다. 유럽청년포럼은 유럽 내 다양한 정책기관과 긴밀히 협력해 정책에 영향을 미치며 청년의 권리, 참여, 발전을 증진하는 데 중점을 두고 있다. 대상은 대체로 청소년부터 30세까지의 청년이다. 싱가포르의 정부청년위원회 National Youth Council 또한 청년문제에 대해 정부에 조언하고, 사회 내 다양한 청년활동을 지원하기도 한다. 이 위원회도 청년의 연령을 34세까지 규정하는 한국과 유사하게, 그 범위를 35세까지 규정한다.

** 당시 청조위는 민간위원 구성을 위해 전문가와 관계부처 추천 및 공모 등을 거쳐 각 영역에서 대표성과 전문성을 갖춘 후보자를 발굴한 후, 별도의 '추천위원회'를 구성하여 개별 인터뷰, 위원 간 숙의 과정을 통해 민간위원을 선발했다. 선발 과정에서 후보자들의 활동 분야·나이·지역·성별 등을 종합적으로 고려하여 최종적으로 20명의 민간위원이 위촉되었다(국무조정실 청년정책추진단 보도자료, 「대학생과 총리가 함께 참여하는 '청년정책조정위원회' 출범」, 2020. 9. 16). 이렇듯 여러 단계를 거쳐 청년위원들이 선정되었는데, 그간 청년활동을 해온 청년정치인 및 활동가 들 사이에 선발 자체의 공정성 문제가 제기된 것을 보면, 청조위의 구성이 이들 사이에서는 상당한 관심사였던 것 같다.

고 생각했는데, 이후 중도 사임하게 된 위원들이 생기면서 비수도권 거주 청년위원이 더 합류하게 되었다.

2020년 9월 18일은 청조위가 처음으로 개최된 날이었다. 당시 위원장이었던 정세균 총리에 이어 나도 준비한 인사말을 읽었다. 마침 전태일 50주기인 해에 청조위가 발족했고, 나는 전태일과 그의 곁에 있던 청년들에 대한 이야기를 그 자리에서 당연히 해야 한다고 생각했다.

"50년 전 이맘때 22세의 청년이 평화시장 입구에서 온몸에 휘발유를 두르고 분신한 사건이 있었습니다. 타이밍이라는 잠깨는 약을 먹으며 하루 열네 시간 이상 열악한 장소에서 일하던 어린 동료 청년들의 현실이 그에게는 너무 아팠습니다. 청년의 날을 하루 앞두고 처음으로 청년정책조정위원회가 출범하는 날인 오늘, 저는 전태일이라는 청년을 떠올리게 됩니다. 50년이 지난 현재, 우리 사회 청년의 표상은 무엇인지, 우리 시대 청년은 더 행복한 삶을 살고 있을까 물어봅니다."

첫날을 회상해보면, 나의 인사말이 어떤 이들에게는 시큰둥하게 들릴 수도 있었겠다 싶다. 그날 높은 천장의 회의장에서 처음 만나는 위원들과 공무원들은 코로나19 감염 우려로 서로 띄엄띄엄 앉아 서로 어색한 분위기였다. 청년위원들의 얼굴이 하나씩 눈에 들어오기 시작할 때 나는 최대한 우렁찬 목소리로 준비한 인사말을 읽었다. 구의역 스크린도어 수리를 하다가 사망한 김군과 어두운 컨베이어벨트에서 혼자 일하다가 사망한 김용균 씨도 청년이었다는 이야기도 이어나갔다. 하지만 내가 발언을 마치자 한 청년위원은 이렇게 말했다.

"부위원장님은 청년들이 힘들고 어렵다고 말씀하셨는데, 저는 그렇게 생각하지 않습니다. 저는 행복하게 하고 싶은 일을 하며 살고 있고, 우리나라에 행복하게 잘살고 있는 청년들도 많이 있습니다."

나름 비장한 인사말을 마치자마자 내 말에 동의하지 않는다는 말을 들으니 머쓱했다. 그는 명문대를 졸업한 스타트업 기업의 대표이기도 했는데, 앞으로 위원회에 적극적으로 참여해 더 많은 청년들이 자신과 같이 좋은 삶을 살 수 있도록 노력하겠다며 발언을 마무리했다(실제로도 이후 활동에 그는 최선을 다했다). 당찬 그의 발언에 고개를 끄덕이게 되면서도 여기 우리를 모아놓은 '제도'와 내가 연구한 '현실'이 어쩐지 맞지 않는 느낌이랄까. 꼭 필요한 옷일 것만 같아 정성스레 입어봤는데, 잘 맞지 않아 난감했을 때와 같다고 해야 할까. 돌이켜보면 '청년'이라는 정체성으로 모인 집단은 불안정노동을 하는 청년 계층의 비참한 현실을 은근하고도 손쉽게 가릴 수 있다는 것을 그때는 충분히 이해하지 못했던 것 같다.

청년문제, 세대문제인가? 계급문제인가?

청년문제는 세대문제일까, 계급문제일까. 이 어려운 질문은 청년정책을 조정하고 여러 청년들을 만나면서 내 안에서 더욱 답하기 어려워졌다. 당시 『세이노의 가르침』이라든가 새벽 공부를 해야 성공한다는 내용의 『미라클 모닝』은 청년들에게 폭발적인 인기를 얻었다. 누구나 정신을 개조하고 노력하면 부자가 될 수 있다는 자기 계발적 메시지는, 계급 이동이 쉬우며 이는 개인의 노력에 달려 있다는 환상을 주었다. '기울어진 운동장'이나 '흙수저 금수저' 논의는 사라지고, 어느새 한국은 계급이 없는 나라라는 믿음을 주는 것 같기도 했다. 빈곤하거나 불안정해지는 것은 모두 개인의 게으름과 부정적 정신상태 탓이라는 주장도 거침없이 등장했다. 특히 이런 논의는 능력주의와 공정주의 담론에 대해 마이크를 쥔 수도권 주요 대학의 학내 게시판을 통해 터져나왔다. 자신의 일자리에는 영향이 없고 설사 영향이 있다 하더라도 노동문제가 제로섬이 아닌데도 '비정규직을 정규직으로 전환'하는 정책들에 대해 '언론에 드러난' 청년들은 분개했다. 이 시기 소위 인천국제공항공사(이하 인국공) 정규직 전환 사태는 언론에 연일 소개되며 청년의 표상은 더욱 납작하게 그려졌다.

'인국공 사태'는 좀더 설명이 필요하다. 2020년 6월 인천국제공항공사는 비정규직인 보안검색 요원 1,902명을 청원경찰 신분으로 정규직으로 직접 고용하겠다고 발표했는데, 이러한 결정에 기존 정규직 직원들과 취업 준비생들이 반발하면서 이슈가 되었다. 인천국제공항공사는 보안검색 요원들이 오랫동안 인천국제공항에서 근무해왔고 보안검색 업무는 공항의 안전에 중요한 역할을 하기 때문에 정규직 전환이 필요하다고 설명했다. 하지만 보안검색 요원들이 경쟁 없이 정규직으로 전환되는 것은 불공정하다는 주장이 제기되었다. 이후 인천국제공항공사의 정규직 전환에 반대한다는 청와대 국민청원까지 올라와 20만 명 이상의 동의를 받으며 논란의 범위가 확대되었다. 결국 인천국제공항공사는 보안검색 요원들의 정규직 전환 방식을 일부 수정하고, 별도의 자회사를 설립하여 이들을 정규직으로 전환하기로 결정하면서 '사건'은 일단락되었다.

이 사건을 설명하는 데 '청년'이라는 단어가 꼭 필요치는 않다. 비정규직의 정규직 전환, 직접고용, 보안검색 요원, 자회사 등의 단어만으로도 설명할 수 있다. 하지만 당시 주요하게 반발한 인구집단이 청년으로 대표되면서 청년들 사이의 공정성 담론이 확대되는 데 기름을 부었다.

인천국제공항공사의 비정규직 정규직화 정책이 '인국공 사태'로 비화되면서, 청년문제에 대한 사회적 인식이 재조명되었다. 일자리 정책인 '비정규직의 정규직화' 정책이 '사태'로 변질되고 '청년' 문제로 언론을 장식하자, 청와대도 골머리를 앓는 듯했다. 당시 청와대 초대 청년비서관은 나를 비롯한 청조위의 '청년' 위원들에게 인국공 사태에 대한 조언을 구하기도 했다. '비정규직의 정규직화'에 왜 청년들이 반발하는 것인지, 일자리 정책의 지향점과 청년들의 반발 사이에 드러난 괴리에 대해 깊은 고민이 필요했다. 하지만 이는 동시에 '청년'이라는 범주에 얼마나 다양하고 복잡한 이해관계가 내포되어 있는지를 간과한 결과이기도 했다.

언론에 드러난 '청년'은 주로 대학생이거나 취업 준비생 등 중산층 이상의 경제적 배경을 가진 이들이었다. 정규직 직원과 취업 준비생 들은 "공기업 정규직 자리를 얻기 위해 오랜 시간 경쟁하고 노력해왔는데, 별도의 공개 채용 절차 없는 정규직 전환은 공정성에 어긋난다"고 주장했다. 일부 청년들은 온라인 커뮤니티와 SNS를 통해 "취업 준비에 투자한 시간과 노력이 무의미해졌다"며 좌절감을 표출했다. 이러한 반발은 취업 시장에서의 치열한 경쟁과 공정성에 대한 민감한 인식을 반영한다.

그렇다면 오랫동안 불안정한 고용 상태에서 일해온 청년 비정규직 노동자들의 입장은 어땠을까. 한 비정규직 노동자는 언론 인터뷰에서 "우리는 낮은 임금과 고용 불안에 시달리면서도 공항의 안전을 책임져왔다"며 "정규직 전환은 안정적인 삶을 살 수 있는 기회를 준다"고 말했다. 이들은 그간 동일한 업무를 수행하면서도 차별받았던 현실이 개선되기를 바란다면서, 정규직 전환을 환영했다. 이처럼 한쪽에서는 공정한 경쟁을 통한 기회를 요구하는 반면, 다른 한쪽에서는 오랜 기간 불안정노동에 시달린 현실을 호소했는데 후자의 목소리는 배제되었다. 그리고 '공정'을 요구한 목소리는 실상 기존의 불평등한 사회구조를 묵인하는 결과를 낳았다.

이러한 현상은 특정 세대를 표상하는 정체성 정치가 얼마나 쉽게 계급 정치를 지울 수 있는지를 여실히 보여준다. '청년'이라는 단일한 범주로 묶인 집단 내에 계급에 따라 상이한 이해관계가 존재하는데도, 이러한 차이는 '세대 갈등'이라는 프레임 속에서 희석되었다.

더욱이 언론에서 단편적으로 드러난 청년세대의 표상은 실재를 드러내기에는 심각한 한계가 있었다. 소수의 목소리가 마치

전체 청년의 의견인 것처럼 확대 재생산되면서, 청년 내부의 다양성과 복잡성은 무시되었다. 이는 결과적으로 청년문제에 대한 사회적 이해를 왜곡하고, 실효성 있는 정책 수립을 방해하는 요인이 되었다.

인국공 사태는 결국 청년문제가 단순한 세대 간 갈등이 아닌, 복잡한 사회경제적 맥락과 한국의 노동시장에 대한 고민 속에서 이해되어야 함을 역설적으로 보여주었다. 또한 청년정책을 수립하고 실행할 때 계급문제를 간과해서는 안 된다는 중요한 교훈을 남겼다.

MZ세대론이 간과한 것

'청년' 또는 MZ*세대는 2020년 총선 시기에 적극적으로 다시 소환되었다. 총선이 맞물리면서 정치권에서는 유권자들의 전선을 '청년'과 '기성세대'로 재빠르게 나누는 듯했다. 내가 청조위 활동을 하면서 만나고 목격했던, 자신을 둘러싼 문제를 적극적으로 논의하며 연대의 물결을 만들어내던 청년의 표상은 희미해지고만 있었다. '청년'은 언론에서 점점 더 전형화되고 있었다. '기

---

* MZ세대는 밀레니얼세대(대략 1981~1996년 사이 출생)와 Z세대를 아우르는 용어다. 미국 등의 영미권 국가에서 청년세대는 주로 Z세대로 호명되며 '젠지Generation Z'로 불리기도 하는데, 이들은 대체로 1997~2012년 사이에 태어난 사람들을 가리킨다. Z세대는 스마트폰, 소셜 미디어, 인터넷 등 디지털 기술이 일상생활의 일부로 자리잡은 세상에서 태어나 성장했고, 디지털 환경에 매우 익숙하다. 한국에서 '청년'과 동일한 용어로 사용된 'MZ세대'는 빠른 기술 발전, 높은 교육 수준 그리고 소비력의 변화를 바탕으로 디지털 네이티브의 특성을 띤다.

성세대에 분노하는 청년'이거나, '공정'한 경쟁을 원하는 청년으로. 사실 청년노동시장에 대해 연구하면서 이제 겨우 파악되기 시작한 것은 우리 사회 새로운 계급의 윤곽이었다.

하지만 노동환경, 사회환경, 지역문제, 교육문제 등 여러 문제를 직접 해결해보려는 의지로 꿈틀거린 운동의 결과로 청년기본법이 만들어지고, 청년 대상 법 제도와 사회정책이 찬찬히 만들어질 준비가 끝나기도 전에 새로운 취향을 가진 'MZ세대'가 소비시장에서 다뤄지기 시작했다. 선거 시기와 맞물리면서 곧이어 언론과 학계뿐만 아니라 정치권과 정부에서도 '청년'에 대한 담론이 활발하게 생산되었다. 활활 타오르던 청년 정체성 담론은 많은 사람들의 관심을 계급문제에 따른 비참한 현실로부터 '새로운' MZ세대론으로 돌리기에 충분했다.

MZ세대의 특징과 성향은 마케팅 분야에서 먼저 주목했는데, 디지털 환경에서의 성장 경험으로 인해 이들이 특유의 소비 행태를 보였기 때문이다. 마케팅 전략과 제품 개발을 위해 시장이 MZ세대의 소비 패턴을 분석하는 것은 중요한 일이다. 하지만 문화와 취향의 영역을 넘어, 노동시장 및 정치 등 다양한 분야에서도 청년이 MZ세대론의 특성으로만 설명되면서 정작 이들이 직면한 불평등이나 정치 참여의 문제는 가려진 부분도 많았다.

물론 MZ세대론은 세대 간 차이를 조명함으로써 각 세대의 고유한 특성과 요구를 이해하는 데 도움을 준다. 세대론은 기술 발전, 글로벌화, 사회구조가 세대별 가치관과 행동양식에 미치는 영향을 분석하도록 프리즘 역할을 하기도 하고, 사회변화를 이해하는 데 중요한 통찰을 제공하기도 한다. 하지만 과도한 일반화로 점철된 MZ세대론은 세대 내 다양성을 과소평가하고, 전체 세대를 하나의 동질적인 집단으로 보는 경향을 가져왔다. 세대 내 다양한 계층, 지역적 차이 그리고 노동시장과 경제적 측면에서 우려되는 불평등을 무시하는 결과를 초래했다.

세대론이 하나의 정체성(세대)에만 초점을 맞추면서, 교차성이라는 중요한 개념은 간과되기 쉽다. MZ세대론이 범람했지만 계층, 지역 격차, 젠더, 인종 등 청년이 가진 다른 정체성과의 상호작용이 무시되고 모순적으로 정체성의 단편화가 이루어지고 있다. 무엇보다 사회정책 수립시 세대론만을 고려하면, 특정 세대에 맞춘 정책이나 해결책이 다른 세대의 요구와 문제를 간과할 위험이 있다. 예를 들어 청년기업가를 위한 지원 정책은 지역 내 다른 소상공인의 어려움을 간과할 수 있는가 하면, OECD 국가 중 가장 높은 노인 빈곤율(2022년 기준)을 기록한 한국에서 공적연금을 세대 간 갈등구조 속에서 논의하면 '세대 간 연대'라는 공적연금의 가장 근본적 원리를 쉽게 흔들어버릴 우려도 있다. 한국의 국민연금은 뒤늦게 도입된 역사적 맥락과 초고속 고령화가 이루어진 현재 시점의 문제가 중첩되어 개혁 과제를 안고 있다. 그런데 노인세대 '때문에' 청년세대가 모두 연금을 수급받지 못할 수 있다는 논의는 오류가 많은 분석*일 뿐만 아니라, 공적연금 자체에 대한 청년세대의 불신을 키워 오히려 시장에서 각자도생으로 연금 상품을 구입하려는 경향이 강해질 위험도 있다.

---

* 연금 수급액의 격차를 만드는 것은 노인 세대에 대한 부양 부담보다 노동시장에서의 이력과 소득 격차가 더 큰 요인이라는 연구가 많다.

MZ세대론은 현대사회에 등장한 새로운 변화를 이해하고 세대 간 차이를 조명하는 데 중요한 역할을 하지만, 청년세대 내 다양성과 계급의 교차성을 포괄하는 데에는 한계가 있어 보였다. 이후 나는 청년세대가 어떻게 이전 세대와 다른 불안정노동을 경험하는지 연구하는 것에서, 청년세대 '내'의 다양성과 계급의 교차성에 주목하는 것으로 연구 방향을 전환했다. 여러 시도 끝에 불안정노동 지표를 구성하고, 이를 통해 청년들이 긴 시간에 걸쳐 어떻게 계층화되는지를 분석한 것이다. 세대 내 불평등과 그 구조적 원인을 밝히는 데 초점을 맞추어, 그들의 현실을 보다 깊이 있게 이해하고 싶었기 때문이다. 세대론의 한계를 넘어서는 새로운 논의의 장을 열고, 청년세대가 겪는 복합적인 문제를 구조적인 차원에서 접근하기 시작했다.

10

매우 불안정한 삶 vs. 불안정하지 않은 삶
: 청년집단 내 양극화

청년층에 관심을 가지기 시작한 특별한 계기가 있었던 것은 아니다. 불안정노동자를 추적하다 보니 청년집단을 새로운 연구 대상으로 마주하게 됐다고나 할까. 나는 잦은 실직, 낮은 소득, 불안정한 고용 관계와 같이 청년이 경험하는 노동환경을 조사하고 있었다. 변화하는 일의 형태와 빠른 기술 발전의 틈새에서 미끄러져 나락으로 떨어진 청년들은 누구일지가 관심 대상이었다.

많은 연구들이 서비스 경제를 넘어 디지털 자본주의로 진입하며, 불안정노동자가 확대되는 노동시장의 변화에 주목하고 있다. 전통적인 고용 관계 해체, 비정규직이나 비전형적 고용 형태로 확장된 서비스 부문 일자리, 플랫폼노동 증가 등이 주요 원인으로 꼽힐 수 있다. 영국의 경제학자 가이 스탠딩Guy Standing은 비정규직, 일용직, 파견직, 실업자뿐만 아니라 열악한 근로환경에서 일하고 있는 정규직까지 포괄하는 개념으로 프레카리아트를

설명하면서, 과거에 비해 이들 가운데 청년의 비율이 확대되고 있다고 분석했다.[1]

취업이 유예된 한국의 청년들

나도 청년 불안정노동시장을 몇 년간 연구해오던 차였다. 한국 노동시장을 살펴보니, 6개월 이상 실업 상태인 장기실업자의 상당수를 청년층(15~29세)이 차지하고 있는데다 그 비중도 청년층에서만 늘어가고 있었다.[2] 한국의 청년 가운데 니트의 비율은 2021년 기준 20%로 OECD 국가들의 평균 비율 15%를 훨씬 상회한다. 특히 고학력 니트 비율이 24%로 비교 국가들 중 세번째로 높은 수준인데 이는 OECD 평균을 훌쩍 넘는 수준이다. 일반적인 해외 연구들에서는 주로 저학력일수록 니트가 될 위험이 높아진다는 것이 중론인데, 한국의 실상은 다르다. 게다가 2022년 29세 이하 청년층 절반 정도가(48.5%) 비경제활동인구다.[3] 비경제활동인구란 현재 일하고 있지 않으면서 지난 일주일간 일자리를 알아보지 않았다고 답하는 사람들을 의미한다(대표적인 비경제활동인구는 전업주부다). 수년간 공부한 청년들이 교육과정을 마치고도 절반 정도가 비경제활동인구에 해당하는 것은 이상한 수치다. 그런데 좀더 자세히 살펴보면, 한국의 비경제활동 청년 중 17%인 70만4,000명이 장기적으로 '취업시험 준비'를 하고 있었다.[4] 긴 학업을 마치고도 '좋은 일자리'를 찾기 위해 취업을 유예한 비경제활동 청년 인구가 많다는 것이다.

한국의 '고학력자의 불안정노동 진입 현상'을 좀더 생각해보

자. 대학 진학 청년은 등록금과 주거비 등에 추가 지출이 있고, 학자금 대출금의 부담이 높을 경우 나쁜 일자리를 거부할 협상력이 낮을 수 있다. 반면 좋은 일자리를 원하는 경우 졸업 후 취업을 유예하고 장기적 '취업 준비과정'에 진입한다. 29세 이하 비경제활동 청년 5명 중 1명 꼴로 '취업시험 준비'를 하고 있고, 준비생의 3분의 1은 일반직 공무원을 지망하고 있다.[5] 한정된 좋은 일자리를 얻기 위해 한국 대졸 청년들은 끊임없이 경쟁하고 있는데, 이러한 취업 유예에도 역시 '비용'이 든다는 데 주목할 필요가 있다. 대학을 졸업하더라도 이후 저임금의 일자리에 곧바로 취직하기를 선택할 수밖에 없는 청년과 장기적 '취업 준비'를 거쳐 좋은 일자리에 진입할 수 있는 청년들의 사회경제적 배경(자산 유무 또는 부모의 경제력)은 이미 다를 수 있다.

여러 지표들은 청년층이 노동시장에서 이전과 다른 불안정성을 경험하고 있음을 시사한다. 그런데 여러 양상들을 확인하면서 내가 주목하게 된 문제는 '청년집단 내 양극화'였다. 청년세대가 평균적으로 이전 세대와 다른 불안정한 노동시장을 경험하고 있는데 사회제도가 준비되어 있지 않다면, 사적 자원이 있는 청년은 살아남겠지만 다른 안전망이 없는 대다수 청년들은 나락으로 떨어질 가능성이 높기 때문이다.

청년집단 내 양극화

한국 청년들이 어떤 식으로 노동시장에 참여하고 있는지 이해하기 위해, 나는 오랫동안 한국의 불안정노동 연구를 함께해온 가톨릭대학교의 백승호 교수와 ①고용 ②소득 ③사회보험 세 가지 측면에서 불안정성을 분석했다. 노동의 불안정성은 임금근로자와 비임금근로자로 구분하여 측정했다.

우선 고용불안정 측정방식은 다음과 같다. 임금근로자의 고용불안정성은 김유선 박사의 비정규직 측정방법[6]을 준용했다. 그는 고용계약 형태, 근로시간, 근로제공 방식을 기준으로 측정하고 있다. 고용계약 형태로는 고용될 때 근로기간이 정해진 기간제, 근로기간을 정하지 않았지만 고용의 지속성 여부는 불투명한 비기간제, 종사상 지위가 임시일용인 경우가 고용불안정 집합에 포함된다. 또한 근로시간이 시간제인 경우, 근로제공 방식이 호출근로·파견근로·용역근로·독립근로(보험설계사 등)·가내근로인 경우가 고용불안정 집합에 포함된다. 비임금근로자는 상용근로자가 4인 이하인 영업장의 자영업자나 자영업 사업장에서 근무하는 무급 가족종사자인 경우 고용불안정 집합에 속하는 것으로 간주했다.

다음으로 임금·소득 불안정성은 국제노동기구의 저임금 기준인 '전체 노동자 중위소득의 3분의 2보다 낮은 시간당 임금을 받을 경우'에 임금·소득 불안정 집합에 속한다고 보았다. 비임금근로자의 경우는 소득을 시간당 소득으로 환산하여 측정했다.

마지막으로 사회보험은 임금근로자의 경우 4대 사회보험(국민연금·고용보험·산재보험·건강보험) 중 하나라도 가입하지 않은 경우 사회보험 불안정 집합에 속하는 것으로 보았다.

고용 측면의 불안정성, 임금 (또는 소득) 측면의 불안정성, 그리고 사회보험 측면의 불안정성 각각은 모두 '노동시장의 불안정성'이라는 집합의 부분 집합이다. 한 개인은 어떤 집합에 속하거나 속하지 않을 수 있다.* 예를 들어 불안정한 고용 관계에 있다면 '고용불안정 집합'에 속하지만 임금 수준이 높다면 '임금 불안정 집합'에 속하지 않게 된다. 이러한 각 집합들의 변화 추이를 살펴보고, 마지막으로는 여덟 가지 조합의 집합을 다시 네 가지 유형으로 정리했다.

불안정 정도	불안정 해당 개수
매우 불안정	세 가지 모두 불안정한 경우
불안정	두 가지 측면이 불안정한 경우
약간 불안정	한 가지 측면이 불안정한 경우
불안정하지 않음(안정)	불안정하지 않을 경우

　분석 결과가 보여준 양극화 경향[표7]은 놀라웠다. 2002년 청년들 중에서는 '약간 불안정'한 상태로 일하고 있다고 분류된 집단의 규모가 가장 컸다. 그리고 중간층은 많아도 매우 불안정한 청년의 비율과 전혀 불안정하지 않은 청년(안정)의 비율은 적었다. 하지만 2022년에는 그 양상이 달라졌다. 매우 불안정한 집단과 전혀 불안정하지 않은 집단, 다시 말해 양극단의 경험을 하는

---

* 　고용불안정 집합을 E, 임금 (또는 소득) 불안정 집합을 W, 그리고 사회보험 불안정 집합을 S로 보았을 때 결과적으로 한 개인이 가질 수 있는 노동시장 불안정성의 상태는 여덟 가지로 나타난다. ①고용, 임금, 사회보험 모두 안정한 경우(ews) ②고용은 안정하나 임금과 사회보험이 불안정한 경우(eWS) ③임금은 안정하나 고용과 사회보험이 불안정한 경우(EwS) ④사회보험은 안정하나 고용과 임금이 불안정한 경우(EWs) ⑤고용과 임금은 안정하나 사회보험이 불안정한 경우(ewS) ⑥고용과 사회보험은 안정하나 임금이 불안정한 경우(eWs) ⑦임금과 사회보험은 안정하나 고용이 불안정한 경우(Ews) ⑧세 가지 모두 불안정한 경우(EWS).

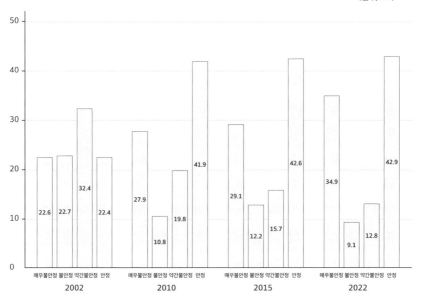

[표7] 한국 청년(19~34세) 불안정노동의 양극화 양상

(단위: %)

청년의 비율이 각각 1.5배, 2배 가까이 높아졌다. 그리고 중간적 위치를 차지한 '약간 불안정한' 집단에 속한 청년의 비율은 60% 가량 줄었다. 아주 불안정한 청년들과 동시에 불안정하지 않은 청년들이 늘어나면서 심각한 양극화가 나타났다는 것이다.

이런 변화를 더 자세히 알아보기 위해 19~34세 청년들이 2008~2020년 12년에 걸쳐 노동시장에서 어떤 불안정성을 겪었는지를 추적하고 분석했다. 분석 결과, 2008년 시작 시점의 청년 3명 중 1명 이상의 청년이 지난 12년 동안 계속 불안정한 상태였다. 반면에 청년 4명 중 1명은 12년간 안정적인 삶을 살아왔다.

같은 청년이지만 이들은 서로 다른 삶을 살고 있었다.[7]

청년기의 불안정노동 경험과 정치 주체화의 길

청년기의 불안정노동 경험은 단순히 현재의 소득 불안정과 연결되는 것을 넘어서 장기적인 경력 개발, 숙련 및 기술 습득 기회 제한에 부정적인 영향을 주기에 미래의 소득상승 가능성에도 영향을 미칠 수 있다. 일정 기간 불안정한 노동상태에 머무른 청년은 정규직이나 좋은 일자리로의 전환 가능성이 낮아지며, 이는 고용불안정을 장기화하고 소득 불평등을 심화할 수 있다. 또한 불안정한 노동상태는 청년들의 사회적 고립감으로 이어질 수 있다. 청년기에 나타나기 시작하는 계층화는 이후 생애주기에 누적적으로 영향을 주며 구조적 계층화를 더 확대할 위험도 있다.

한국 청년의 불안정노동시장 분석 결과가 보여주는 보다 부정적 함의는 청년노동자 집단의 양극화이다. 전체적으로 2002년에 비해 2020년에 불안정한 집단과 약간 불안정한 집단의 규모는 줄어들었고 매우 불안정한 집단과 불안정하지 않은 집단의 규모가 증가했다는 것이다. 청년노동시장의 불안정한 청년노동자와 불안정하지 않은 청년노동자가 이루는 U자형 분포는 청년노동시장 내 불안정성의 양극화를 보여주고, 이것은 청년집단 내 연대 가능성이 희박하다는 것 또한 암시한다. 다른 연령층에 비해 평균적으로 불안정노동자의 비율이 높은 청년집단 '내'에서도 양극화가 나타나고 있다면, 청년 프레카리아트 집단이 정체성을 공유하고 연대하는 길은 아득해진다.

복지정치의 측면에서 살펴본다면, 불안정노동시장 확산과 복지국가 지체에 대해 적극적으로 구조적 개혁을 요구할 주체 역시 뚜렷하게 보이지 않는다는 문제가 대두된다. 유럽 복지국가들은 우리나라와 다른 역사적 환경적 맥락을 갖고 있지만, 개혁 주체의 표류는 공통적으로 겪는 문제다.*

불안정노동시장에서 한국 청년들의 모습은, 불안정한 삶 속으로 내몰린다는 것만큼이나 더 장기적인 측면에서 우려되는 지점이 있다. 불안정노동에 고착되어 불안정성을 지속적으로 경험하는 청년들에게는, 제도적 구조적 환경에 대해 문제를 제기하고 전면적인 개혁을 요구할 수 있는 환경적 필요조건들이 갖추어지지 않았다는 점이다. 변화하는 노동시장에서 다양한 고용 형태로 일하고 있는 청년들은 어떻게 연대할 수 있을까. 불안정노동에 종사하는 양극화된 청년들은 현재 청년 불안정노동시장과 정책 및 정치 표류에 문제를 제기하며 연대하고 사회를 개혁할 수 있을까. 이들은 노동시장 구조 개선과 사회권 확대를 위한 동원에 있어, 주체가 되어 동맹을 이끌어낼 수 있을까. 청년 불안정노동 시대의 가장 부정적 함의는, 불안정노동자의 확산과 복지국가 지체에 맞서 새로운 변화를 이끌어낼 주체agency가 더욱 불확실해졌다는 데 있다.

---

* 유럽 복지국가는 불평등의 확산 속에서 복지 자국주의(복지 쇼비니즘)의 시기를 거치는 중이다. 우파정당들이 이주민에게 배타적인 입장을 취하는 한편, 자국민 대상으로는 복지 포퓰리즘을 펼침으로써 지지율을 높이고 있다. 복지국가 개혁과 확대 요구의 주체뿐만 아니라 같이 연대할 수 있는 집단도 모호해진 것이다.

11

청년 담론에서 '계급'이 지워질 때
: 세대와 계급의 교차성

인종, 젠더와 계급의 교차성 논의만큼이나 한국 청년층과 계급 논의는 복잡하게 엉켜 있다. 당장 내가 그런 현실 한가운데 있기 일쑤였다. 나는 젊은 스타트업 대표들을 위한 창업 정책을 검토하다가도, 현장실습생 청년이 보호장치도 없이 요트에 붙은 따개비를 떼내다가 익사했다는 소식을 들었다. 그는 고작 19살이었다. 고령화된 국회에서 청년 정치인의 낮은 비율과 이들의 제한된 발언권에 대해 고민하다가도, 1년 6개월 동안 아무런 규제 없이 야간노동을 하다가 숨진 아들을 둔 부모님을 만나 고개를 숙여야 했다. 아들의 죽음에 부모는 그저 '내 탓'으로 돌리시며 가슴을 쳤다. 최저임금 인상과 주52시간제 때문에 기업 활동이 너무 어렵다는 청년기업가를 만나는가 하면, 장시간 저임금으로 일하던 청년노동자가 동료가 자리를 비운 사이, 제빵 기계에 끼어 사망했다는 소식을 들어야 했다. 고위직 인사 자녀의 부정입학 보도에 공정사회를 외치며 촛불시위를 하는 '명문대' 청년들의 마음을 헤아려보기도 전에, 고된 일을 마친 20대 이주노동자가 비닐하우스에서 자다가 동사했다는 비보를 듣는다. 그 역시 한국에서 열심히 살고 있는 소중한 청년이었다.

계급 논의가 지워진 청년 담론은 위태로웠다. 청년들은 때로는 기성세대에게, 때로는 같은 세대의 여성에게 또는 남성에게, 때로는 진보학자에게, 마지막으로는 '의지가 약한 자기 자신'에게 화살을 돌리며 불안정성의 원인을 찾는 듯했다.

충돌하는 청년의 목소리

청년정책조정위원회 부위원장직을 수행하면서 17개 광역자치단체를 모두 순회하며 지역 청년정책위원들과 청년활동가들의 결사체, 또 청년 관련 시민단체들을 만날 기회가 많았다. 한 회의에서 청년기업가와 청년노동자의 의견 충돌이 있었다. 노동현장에 오래 있었던 청년 A는 임금이 너무 적은데다가 경력 개발의 경로조차 보이지 않으니 정부가 직업교육을 제대로 해주고 너무 낮은 임금도 적절히 개입해 보전해달라는 주문을 했다. 그러자 청년 B가 비수도권 지역에서는 인재들이 모두 수도권으로 빠져나가서 기업 활동이 어려운데 최저임금까지 오르니 회사 운영이 힘들다고 했다. 그는 정부에 주휴수당이라도 없애달라고 주장했다. 비수도권이 자신들에게 얼마나 차별적 환경인지 호소하던 청년은 지역 광역화를 통한 일자리 공급과 인프라 확대를 주문했는데, 곧바로 기후위기 대응 활동을 하는 청년 C가 받아쳤다. 기성세대와 다름없는 해법이라는 것이다. 꼭 결혼을 하지 않아도 주거권을 보장받을 수 있어야 한다는 청년 D의 주장이 끝나자마자 청년 E는 신혼부부와 아이를 위한 주택 할당이 줄어드는 것은 받아들이기 힘들다고 했다.

청년 담론의 확산은 분명 청년이 새롭게 경험하는 불확실성과 불안정성을 드러냈다. 사회구조가 변화하면서 기존 제도가 어떻게 현실에 맞지 않는지 문제화하고 청년도 사회정책의 대상이 되어야 한다는 데 주목하게 했다. 하지만 세대와 계급의 교차로에서 만난 청년들은 그들이 경험하는 어려움이 자신이 청년이기 때문인지, 자신이 속한 계급 때문인지 혼란스러워했다. 나 역시 그랬다. 세대와 계급의 교차로에 있는 청년들에게 불안정성은 중첩되어 드러났다. 복잡한 교차로에서 우리는 어떻게 교통정리를 해나가야 했을까.

청년정책조정위원회 활동을 마칠 시점부터는, 청년들이 세대와 계급의 교차에서 느낀 혼란을 연구로 이해해보고 싶어 청조위 활동으로 더디게 진행되던 청년노동시장 연구에 다시 박차를 가했다.* 청년층 내의 격차, 청년의 불안정노동 그리고 세대와 계급의 교차를 더 이해하기 위해 진행한 연구는 학회에서 발표도 하고 곧바로 몇 편의 논문으로 출간했다. 내가 궁금한 것은 한국 청년노동자가 경험하는 불안정노동이 계급의 윤곽을 어떻게 드

---

* 2022년 정권이 바뀐 후 나는 한 달가량 남은 임기를 앞두고 사표를 제출해 약 2년간의 청년정책조정위원회 활동을 마무리했다. 새로운 정부가 공약대로 청년정책을 만들고 이행해나가는 데 조금이라도 걸림돌이 되고 싶지 않았다. 새 정부와 함께할 위원회를 구성하여 우리가 못다 해결한 여러 청년문제를 지체 없이 고민해주길 바랐다.

러내고 있는지 여부였다.

한국 청년노동자의 계층화 연구

먼저 한국노동시장 내 불안정노동자 확대와 계층화의 경향을 분석하는 데 있어 특히 청년층의 노동시장 진입에 초점을 맞추어 연구를 실시했다.[1] 연구 결과 청년들은 ①고숙련 직업에 안정적으로 머무르는 집단 ②중숙련 일자리에서 불안정하게 일하고 있는 집단 ③고숙련 직업으로 상향 이동하는 집단 ④저숙련 불안정 일자리에 지속적으로 머무르는 집단, 이렇게 네 가지로 유형화된다는 것을 발견했다. 노동시장에서의 직업적 위치가 어떻게 계급으로 이어지는지는 좀더 깊이 들여다봐야 하지만 계층화의 양상이 드러난다고 판단했다.

다음으로는 디지털 전환기의 특성을 고려해서 이번에는 숙련과 기술 수준을 구분하여 청년노동시장 내 계층화를 다시 살펴보았다.[2] 디지털 전환은 크게 ①전산화 ②디지털화 그리고 마침내 ③디지털 전환의 세 가지 단계를 거친다. '디지털 전환'은 산업과 경제, 사회 전반의 시스템이 디지털 기술을 기반으로 전환되는 단계인데 나는 '디지털 전환기에 불평등이 확대될 가능성'에 주목할 필요가 있다고 생각했다. 한국에서 정보통신기술 활용이나 자동화와 같은 디지털 기술의 발전에 따른 변화는 1990년대부터 본격적으로 나타나기 시작했고, 2013년부터는 한국이 세계 제조업 부문에서 가장 높은 로봇 밀도를 기록하기 시작해 이 흐름은 현재까지 이어지고 있다. 디지털 전환기에는 개인의 숙련 수준, 즉 어떠한 기술을 가졌는지 여부가 노동시장 내의 사회적·경제적 지위 등에 큰 영향을 미친다. 우리는 디지털 전환기 한국의 청년은 어떤 종류와 수준의 숙련이 요구되는 일자리에서 일하고 있는지 알아보기 위해 2009~2019년까지, 25~34세까지의 일하고 있는 청년들의 궤적을 따라가보았다.

분석 결과 한국 청년들은 ①서비스직의 비정형노동이면서도 고인지 숙련이 필요한 (주로 고임금의) 일자리에 머무르는 집단 ②제조업 분야의 정형적인 직무를 반복하는 숙련된 일자리에 계속 머무르는 집단 ③단순 서비스직 일자리와 같이 비정형이지만 주로 육체노동이 필요한 일자리에 머무르는 집단*으로 나뉘면서 다시 한번 계층화 양상이 확인되었다.

반복적인 일을 하는 정형노동은 자동화로 대체될 가능성이 비정형노동에 비해 높다고 논의되는데, 현재는 이와 같은 일자리에서 일하고 있는 청년의 수가 가장 많았다. 자동화 위험에 따른 불안정성도 문제이지만, 이미 계층화 양상이 두드러지게 나타났다는 것에 나는 더 주목했다. 높은 수준의 지식이 필요한 고숙련 서비스직은 청년들이 가고 싶어하는 카카오, 네이버, 삼성전자와 같은 대기업의 일자리다. 반면 반복적이지 않은 비정형노동이지

---

* 구체적으로는 다섯 가지 유형이 발견되었다. ①기술과 높은 지식 수준이 필요한 고숙련 서비스직의 비정형노동이면서도 고인지 숙련의 일자리에 머무르는 비정형-인지 일자리 유지형 ②비정형-인지의 일자리에서 낮은 수준의 숙련이 필요한 일자리로 이동하는 하향형 ③주로 제조업 분야에서 발견되는 정형적인 직무를 반복해서 하는, 숙련된 일자리에 계속 머무르는 유지형 ④반복되는 루틴 업무가 주요한 일자리에서 후반에는 고숙련 서비스직으로 이동하는 상향형 ⑤단순 서비스직 일자리와 같이 비정형이지만 주로 육체노동이 필요한 숙련된 일자리 유지형.

청년노동, 누가 무엇을 말하는가?

만 상대적으로 저소득인 일자리는 작은 사업장의 사무직이나 돌봄노동이 대표적이다. 안정적 일자리와 불안정한 일자리가 큰 격차를 보이는 집단에서 각각 오랜 기간 머무르며 청년들은 이동 없이 계층화되고 있었다. 그리고 한국의 청년들은 특정 계층에 진입한 후에는 높은 수준의 숙련 직종이나 더 좋은 일자리로의 수직적 이동이 활발하지 않았다.

그 외에도 청년 불안정노동을 측정하는 데 있어 주관적 만족도를 고려한 연구[3]를 진행했고, 한국과 일본은 어떻게 청년들의 숙련 형성에 제도적으로 관여하며 노동시장 정책을 발전시켜왔는지 비교해보기도 했다. 일본과 비교해보니, 한국의 적극적 노동시장 정책은 노인 일자리 사업과 중소기업 고용보조금 지급으로 제도의 성격이 바뀌면서, 자유주의적인 숙련 형성 체제**로 제도 조합이 변화했다. 노동시장에 진입하기 위해 필요한 여러 기술 훈련과 숙련 기회를 정부 차원이든 기업 차원이든 제공하지 않으니, 청년들은 학원 수강·단기 일자리 경험·스펙 보완·(사립)대학 진학 등 사적인 방식으로 준비할 수밖에 없다.[4] 세대와 계급의 교차를 이해하기 위해 나는 현대 한국 노동시장에서 새

** 자유주의적 숙련 형성 체제는 기업의 숙련 형성 참여가 감소하고, 개인이 주도적으로 일반적이고 이전 가능한 기술을 습득하는 체제다. 국가는 단기 고용 촉진과 즉각적인 기술 격차 해소에 초점을 맞춘 정책을 시행하고, 주로 시장 중심의 서비스 전달 시스템을 선호하는데, 이러한 체제하에서는 고등교육을 통한 숙련 획득이 증가하는 경향을 보인다. 이와 반대되는 체제로 분절적 숙련 형성 체제가 있다. 이러한 체제하에서 기업은 주도적으로 자신들이 필요로 하는 숙련 형성에 투자한다. 분절적 숙련 형성 체제를 택한 곳에서는 장기 고용을 바탕으로 한 내부 노동시장이 발달하며, 기업 내 교육훈련 OJT이 중요한 역할을 한다. 국가는 기업 중심의 숙련 형성 전략을 보완하는 고용 서비스에 초점을 맞추어, 숙련 뒤 고용으로 이어질 수 있는 제도를 설계한다. 이를 운영한 대표적인 국가로는 일본과 산업화 시기의 한국이다.

로운 계급의 윤곽이 그려지는 현황을 이어서 분석해보기로 마음 먹었고, 청년을 포함한 불안정노동자에 대한 연구로 분석대상을 다시 넓혔다.

디지털 시대, 불안정노동은 새로운 계급화로 이어지는가

노동시장의 불안정성을 20년이라는 긴 시간의 흐름 속에서 조망한 후속 연구는 불안정노동의 궤적과 그 결정요인을 보다 구체적으로 분석함으로써, 현대 한국사회에서 새로운 계급 형성의 가능성을 탐구하는 데 주요 목적을 두었다. 이 연구는 특히 2002년 당시 19~34세였던 이들을 20년간 추적하여, 연구 종료 시점에는 38세에서 53세에 이르는 광범위한 연령대를 포괄하게 되었다. 이는 청년기에서 중년기로의 이행 과정에서 노동시장 경험의 변화를 포착할 기회를 제공했다.

연구 결과를 통해 한국의 노동시장이 단순한 정규직-비정규직 또는 노동시장의 내부자-외부자의 이분법적 구조를 넘어, 복수의 불안정노동 궤적을 따라 뚜렷하게 분류되는 것을 재확인했다. 이는 노동시장의 분절이 기존의 인식보다 훨씬 복잡하고 다층적임을 시사한다. 특히 주목할 만한 점은 전체 분석대상의 34.4%가 지속적으로 높은 수준의 불안정성을 경험하거나, 시간이 지남에 따라 불안정성이 증가하는 궤적을 보였다는 사실이다. 반면 38.3%는 상대적으로 안정적인 노동 경험을 지속적으로 유지했다.[5]

이러한 일련의 연구들은 불안정노동과 계급의 관계에 대해 중요한 통찰을 주었다. 기존의 계급 이론이 주로 직업을 중심으로 계급을 정의했다면, 청년에 대한 관심에서 출발한 이 연구는 불안정노동이라는 경험이 새로운 형태의 계급 분화를 야기하고 있음을 시사한다.

예컨대 청년층 블루칼라 노동자들이 반드시 가장 불안정한 궤적을 따르는 것은 아니었으며, 오히려 저숙련 서비스직 종사자들이 더 높은 불안정성을 경험하는 경향이 있었다. 이는 현대 한국 사회에서 계급을 단순히 전통적인 생산관계만으로 설명할 수 없음을 암시한다. 이러한 발견은 가이 스탠딩이 제시한 동질적 계급으로서의 '프레카리아트' 개념에 대해 비판적 검토의 여지를 제공하기도 했다. 청년세대에서 관찰된 다양한 계급 분화의 윤곽은 전통적인 계급론을 넘어선 새로운 불평등의 실재를 이해할 수 있는 이론의 필요성을 제기해준 것이다.

청년 불안정노동에 관한 다양한 연구 결과는 청년세대의 노동 문제를 바라보는 나의 시각에 중대한 전환점을 제공했다. 급격한 기술 혁신, 기후위기, 고령화 등 전례 없는 사회경제적 변화의 소용돌이 속에서, 현 청년세대가 과거와는 질적으로 다른 차원의 불안정성을 경험하고 있음은 부인할 수 없는 현실이다. 그러나 이러한 불안정노동의 경험은 청년 내부에서조차 균질하지 않다는 점에 주목해야 한다.

불안정노동은 기존의 계급 구조와 복잡하게 얽혀 새로운 형태의 사회적 계층화를 촉발하고 있다. 이러한 발견은 청년문제를 단순히 세대 간 갈등이나 청년 보편의 현상으로 환원하는 시각의 근본적인 한계를 명확히 드러낸다. 청년노동자의 불안정성은 세대문제를 넘어 더 큰 사회구조적 불평등의 윤곽을 이루면서도,

우리 사회의 불평등 구조를 재고하게 만드는 중요한 분석 대상이 될 수 있다.

학문적으로 분석할 연구과제들이 많이 남아 있지만, 세대와 계급의 중첩에 대한 나의 무지 탓에 내가 이미 목격한 것들은 고통스럽게 다가왔다. 산재를 경험하거나, 장기간 불안정한 일자리를 전전하다 이윽고 고립되거나 은둔하는 청년들에게는 희미하지만 유사성이 보였기 때문이다. 다시 말해 구조적으로 같은 사회경제적 위치에 놓인 노동자들은, 청년기라는 특성이 포개지면 더 큰 어려움을 겪었다.

청년 담론에서 '계급'을 배제한다면 현실의 일면만을 포착하는 오류를 범하는 것이다. 불안정노동은 더이상 일시적 현상이 아닌, 노동시장의 구조적 특성으로 견고히 자리를 잡았다. 더욱이 이러한 불안정성은 새로운 형태의 계급 분화를 가속화하고 있다. 따라서 청년문제에 대한 접근시에는 세대론적 시각을 넘어, 현대 사회의 복잡한 계급 구조와 노동시장의 변화를 종합적으로 고려해야 한다.

아무런 활동수당도 지급받지 않고 사무실 하나 없이 대학에서 강의와 연구를 병행하면서 수행했던 청조위 부위원장직은 육체적으로나 심적으로 정말로 고단했지만 의미있었다. 그럼에도 내가 한 역할에 대해 스스로 평가하자면 사실 부끄럽기 그지없다. 반면 놀라울 만큼 많은 청년들이 소박한 삶을 실천하고 급진적 변화를 위해 노력해왔다. 기후위기에 대응하고 공동체를 복원하려는 청년들은 도처에 드러나지 않게 활동하고 있었다. 낙후된 지역을 살리고 지역불균형 문제 해결에 직접 나선 청년 모임들도 많았다. 젠더와 성소수자 문제가 어떻게 불평등문제와 연결고리가 있는지 진지하게 고민하는 청년활동가도 여럿 만났다. 전세사기나 도시 빈민과 연대하는 청년들은 지금도 뭔가를 기획하고 있다.

이제 온전히 연구자로 돌아와 이후의 시간을 생각해본다. 청년 세대와 계급의 교차로에서 내가 겪은 일과 만난 이들이 나에게 남긴 것은 무엇일까. 아마도 연구자가 해야 할 조금 더 선명해진 숙제를, 지치지 않고 꾸준히 해나가길 주문하는 것 같았다.

12

'시그니처 정책'이라는 주문
: 청년정책조정위원회 활동이 남긴 숙제

청년정책조정위원회의 부위원장으로 활동하던 시기에 나는 본격적으로 정부의 정책 수립에 개입하는 경험을 했다. 연구에만 집중하고 싶기도 하고 정부나 정치권의 정책결정 과정에 참여하는 데 대한 회의로 이미 가득했던 참이라, 위원회 후보자로 이름을 올리는 것조차 여러 번 고사했다. 한 청년 사무관이 여러 번 전화해 "일단 후보자로라도 올려놓게 해달라"는 요청에 한숨을 쉬며 수락했는데, 나의 허술함 덕에 곧이어 총리실에서 연락을 받고 부위원장으로 임명되었다. 그리고 계획하지 않았던 새로운 경험이 내 앞에 펼쳐졌다.

제1차 청조위는 위촉식과 함께 곧바로 진행되었다. 각 부처에서 마련한 청년정책에 대해 참석한 청년위원들이 발언했는데 대체로 비판적이었다. 당시 정세균 위원장은 마지막으로 나의 의견을 물었는데, 나는 "위원님들의 우려가 이렇게 많으니 오늘 논의한 정책안을 이대로 의결할 수는 없겠다"라고 말했다.

잠시 청중에서 정적이 흘렀던 것 같다. 위원장은 첫삽조차 뜨지 못하면 앞으로도 많이 위축될 수 있으니 우선 의결한 다음 정책을 보완해가자고 위원들을 설득했다. 위원들도 대부분 고개를 끄덕여, 보완점을 제1차 청년정책 기본계획에 담자는 약속과 함께 의결에 동의했다. 애초 위원장의 질문에 부결 의사를 밝힌 것은 지극히 자연스러운 수순이라고 여겼는데, 나중에 들어보니 청년위원들에게는 힘이 되었던 것 같다. 그날의 경험이 "적당한 자리에서 적당한 소리만 내는 위원회로서 그치지 않을 것"이라는 희망을 주었다는 소회를 한참 후에 전해들었다. 실질적인 권한 행사를 할 수 있다는 가능성이 이들에게 신선했던 것 같다. 시간이 흐르면서 나는 청년들이 다양한 정부부처, 지자체 그리고 정당의 정책결정 과정에 직간접적으로 참여하며 그저 '이용'되는 것은 아닌지 스스로 반문해왔다는 사실을 알게 되었다.

청년정책 기본계획을 마련하기까지

2020년 9월 중순에 발족한 위원회는 그해 12월에 제1차 청년정책 기본계획을 마련할 과업을 앞두고 있었다. 의결권을 가진 대부분의 정부위원회는 실무위원회와 전문위원회를 구성하여 다각도로 정책을 검토한다. 하지만 당시 정부는 "청년의 목소리를 경청한다"며 체계적인 구성이 완성되기 전에 청조위를 발족시켰다.* 마침 MZ세대에 대한 관심이 집중되었기에 청조위는 다른 위원회에 비해 언론에도 많이 보도되는 듯했다.

정부위원뿐만 아니라 민간위원들도 큰 책임감을 느끼며 각 부처에서 제안된 청년정책을 세세하게 검토했다. 나는 그 과정에서 가능한 한 다양한 청년의 의견과 요구가 수렴되길 바랐다. 공식 여론조사뿐만 아니라 다양한 소통구조가 있었지만, 청년들의 의견을 정책에 반영할 수 있도록 공식적 제도가 완성되지 않은데다 실무위원회와 전문위원회도 구성되지 않아 청년정책 '조정' 과정이 전반적으로 무척 버거웠다. 혹시라도 누락된 의견이나 검토하지 않은 정책은 없을지 나는 항상 불안했다.

우리는 정부정책을 그저 형식적으로 '의결'하지 않기 위해 수백 개의 정책안을 분과별로 조를 짜서 검토했다. 주거·일자리·복지·건강·문화·교육 등 여러 분야로 나뉜 조에 교수, 연구자 등의 학자와 청년 당사자 대표 및 활동가들이 초대되어 여러 차례 토론이 이루어졌다. 청년위원들은 수백 장의 정책안을 회당 15만 원 정도의 회의비만 받고 긴 시간 꼼꼼하게 살폈다.** 사실 청년위원들의 경우 한창 소득활동을 하고 있을 나이인데다가 안정적인 직장에서 일하고 있는 경우도 드물어 상당한 기회비용이 요

---

* 청조위는 출범 당시 행정 조직 기반이 마련되지 않았지만, 2차 연도부터 국무총리실의 청년정책실과 청와대 비서관실의 조직체계가 좀더 완성되었고 실무위원회와 전문위원회도 구성되어 큰 힘을 얻었다.

** 이후 다른 정부위원회의 장관급 민간위원을 만나면서 정부위원회의 위원에 대한 보상은 위원회마다 다르다는 것을 알게 되었다. 당시 청조위는 역사가 매우 짧아서 지원 예산을 비롯하여 적극적인 활동을 장려할 만한 체계가 완비되지 못했다. 나의 경우, 시간을 어느 정도 조정할 수 있는 직업을 가졌지만, 한창 일하고 있는 청년들은 부위원장직은 말할 것도 없거니와 민간위원으로 활동하는 데만도 상당한 기회비용이 따르는 구조였다. 무보수의 정부위원회에 참여하며 많은 시간을 할애할 수 있는 청년도 있겠지만, 그렇지 않은 청년도 있을 테니 좀더 체계적인 보상 및 지원이 필요하다.

구되었지만, 돌이켜보면 희망을 품고 모두가 열정적으로 참여했다고 생각한다.

나는 모든 분과의 회의에 참석하여 수렴한 의견을 바탕으로 "원하는 삶을 사는 청년, 청년이 만들어가는 미래"라는 비전하에 '주도와 참여' '격차해소' 그리고 '지속가능성'을 3대 원칙으로 제안하는 기본계획 서론의 초안을 직접 작성했다. 구체적으로는 일자리, 주거, 교육, 복지·문화, 참여·권리라는 다섯 가지를 중점 과제로 설정하고 청년구직자 지원, 청년 가구 주거비 지원, 청년들의 자산형성 기반이 되는 희망저축계좌 통합 및 신설, 저소득 청년 대학생 교육비 부담 완화, 정부위원회 중 30%의 청년 참여 위원회 지정 등의 정책을 제1차 청년정책 기본계획을 통해 제시했다.[1] 특히 노동시장으로의 첫 진입이 코로나19 팬데믹 때문에 불가능해지면서 청년들의 장기실업이 예상되자 정부도 특별대책 수준으로 일자리 문제에 신경을 쓰는 듯했다. 하지만 수많은 정책 제안이 신중하게 검토 및 조정되며 실제 정책으로 실현되는 데에는 분명한 한계에 자주 부딪혔다.

정책이 작동하기까지의 한계

정부부처 간의 칸막이, 정당 간 탄탄한 정책 경쟁의 미흡함, 5년 대통령 단임제, 기획재정부의 과도한 권한 등 그간 학계에서 수없이 제기된 한계들도 경험했다. 하지만 곰곰이 복기해보니 두 가지 한계가 특히 성찰적으로 다가온다.

하나는 소위 정부와 정당의 '시그니처 정책'을 향한 갈망이었다. 나는 학문적으로 분석된 청년의 삶의 문제와 다양한 소통구조를 통해 당사자들이 검토한 의견이 차분하게 정책에 반영되길 기대했다. 하지만 청와대뿐만 아니라 여당은 하루빨리 성과로 내세울 만한 대표적인 청년정책을 찾는 듯했다. 물론 당시 야당에서도 청년정책에 대한 관심이 높기는 마찬가지였다. 하지만 야당은 정부의 청년정책에 대한 비판보다는 청조위의 구성 자체가 정치적이라는 문제제기를 하며 비협조적인 모습을 보였다. 가시성이 높은 정책으로 '청년 일자리 ○만 개 창출'은 자주 소환되었다. 한편으로는 국민들에게 빠르게 호감을 얻을 만한 '신선하고 획기적인' 아이디어를 청년위원들이 제안해주길 바라는 다급함이 엿보였다.

정부와 여당 입장에서는 유권자들의 마음을 사는 정책을 추구하는 것이 중요할 수도 있다. 또 정책 경쟁을 지속적으로 이어가기에는 대통령 단임제와 양당제라는 구조적 한계도 있을 것이다. 하지만 지역청년, 취약청년 등 다양한 청년들이 보편적으로 경험하는 문제를 진단하고 포괄적인 청년정책을 수립하는 과정에는 기나긴 논의가 필요했다. 특히 청년의 목소리를 경청하겠다고 선포했다면 의견수렴을 제도화할 방안을 마련해야 했다. 모두 시간이 필요한 일이었다.

청년의 삶이 그토록 복잡한데 문제를 관통하는 정책을 단숨에 고안하여 청년집단의 지지를 받을 거라고 기대하다니…… 정부는 청년집단을 참신한 아이디어 창고 내지는 정책 수혜의 수동적 존재로만 전제했던 것은 아닐까. 나 역시 청조위 부위원장으로 뭔가 '가시적인' 업적을 이루어야 한다는 조언을 듣기도 했다. 작더라도 '이승윤표 청년정책'을 하나라도 만들고 각인하는 것이 나에게도 좋다는 것이다. 쓴웃음이 났다.

청년 유권자의 마음을 사기 위해 정책을 빠르게, 경쟁적으로 마련하는 데 긍정적 효과가 없는 것은 아니지만 청년집단을 바라보는 정치권의 시각은 때로 큰 한계로 작동하기도 했다. 정치와 정책의 연결지점에서, 청년 대상 정책뿐만 다른 사회정책안을 마련하는 과정에서도 당장의 정치적인 이익에 치중하는 경향은 득실을 가져올 수 있음을 고려해야 한다.

두번째로는 정부위원회의 태생적 한계였다. 정부와 정당들은 사회적 어젠다가 부상하면 전문가로 구성된 위원회를 빈번하게 만든다. '위원회 구성'이 문제해결에 노력했다는 명분이 되기 때문이다. 나는 청조위 활동을 하면서 우리나라에 총리를 위원장으로 하는 위원회만 50여 개가 되고 대통령 직속과 각 부처 산하 위원회, 그리고 정당이 구성한 위원회까지 헤아려보면 수백 개에 이른다는 것을 알게 되었다. 위원회의 구성과 개수만 보면 민관이 협력하는 명실상부한 선도적 민주주의 국가처럼 보였다. 하지만 화려하게 구성되어도 회의가 1년에 한 번도 개최되지 않는 위원회가 수두룩했다.

청년정책조정위원회에 참여하기 이전, 2017년 하반기부터 수개월간 나는 제4차 국민연금 제도발전위원회의 위원으로 연금개혁안을 마련하는 작업에 참여했다. 국민연금 제도발전위원회는 5년마다 구성되어 연금개혁안을 마련하는 위원회로 법에 명시된 중요한 기구이다. 내부 위원들 간 의견 차가 있어 상당히 열띤 논쟁이 오갔다. 회의도 매주 소집되어 사전 공부와 준비도 많이 필요한 고된 활동이었다. 물론 다양한 의견 차이를 생생하게 들어볼 수 있고 이후 제도개혁의 과정을 면밀히 관찰할 수 있어 배운 점도 많았다.

하지만 위원회에서 수많은 시간을 들여 논의한 국민연금개혁안은 결국 합의되지 못한 채 2개의 안으로 정부에 보고되었다. 보건복지부로 전달된 2개의 개혁안은 곧 4개의 안으로 더 쪼개져서 시민들에게 공개되었다. 4개의 안을 가지고 전 국민이 '사회적 합의'에 도달하는 것은 매우 어렵다. 4개의 연금 개혁안은 이후 경제사회노동위원회에서 또다시 공적연금 '위원회'가 구성되어 재논의하기로 하고 시간은 더 흘러갔다.

결국 각종 위원회 구성이 눈가리개 역할을 하는 것은 아닐까. 민관협치라는 이상적인 표상 뒤에 위원회 구성만으로 정부와 정치권이 협력했다는 명분만 보여주고 끝나버리는 경우는 아닐까. 위원회는 논의의 장은 될 수 있지만, 실질적인 정책 결정과 실행으로 이어지기까지는 많은 장애물이 존재한다. 정책의 효과적인 수립과 실행을 위해서는 위원회를 구성하는 것을 넘어 체계적이고 실행력 있는 조직이 필요한데, 지금까지 위원회 설치에만 의존하는 데 대한 비판적 성찰이 부재했던 것은 아닐까.

또한 반드시 의결기구로 구성된 위원회가 아니더라도 합의기구나 자문위원회에 이르기까지 위원회 구성은 수많은 학자와 현장전문가 그리고 대변인을 '내부인'으로 포섭한다는 양면적인 측면도 있다. 청년정책 마련에 대한 정부의 강한 의지에도 불구하고, 나는 참여 과정에서 위원회 중심 접근의 한계를 여실히 느꼈다.

연구와 실천 사이, 다리를 놓기 위해

나는 연구활동을 하면서 다양한 시민단체, 지역 단위 노동단체와 정당 모임, 언론사 등과 관계를 맺으며 연구한 내용을 공유하고 또 현장에서 그들의 경험을 공유받고 싶었다. 사실 정부위원회 참여뿐만 아니라, 이상적으로 생각해보면 학문 활동을 사회적으로 환류시킬 수 있는 경로는 많이 있다. 예를 들어 작은 단체들의 후원 행사에 참여하거나 투쟁 현장을 방문하기도 하고, 다양한 자문 활동과 위원회 참여, 현장 활동가들과의 연구 모임, 칼럼 기고, 방송 출연이나 언론사 인터뷰에 적극 협조하는 것까지, 나는 연구와 연구 대상 간의 간극을 줄이고자 나름 노력했던 것 같다.

하지만 치열하게 고민하기 위해 멈춤 없이 달리다 보니 어느새 소진되어 연구의 동기조차 희미해지는 날도 있었다. 열정의 불꽃 뒤에 재만 남자 몸뿐만 아니라 마음에도 병이 왔다. 스스로 소진된 이유는 참여 뒤의 결과에 대한 회의감이 컸기 때문이다. 사회정책 연구자로서 연구와 실천은 어떻게 유기적으로 연결될 수 있을까. 내가 갈구했던 답은 좇을수록 멀리 달아나고 있었다.

한번은 당시 현장실습생 문제를 관할하는 유은혜 사회부총리 겸 교육부 장관과의 면담 자리에 일부러 『열여덟, 일터로 나가다』(허환주, 후마니타스, 2019)라는 책을 들고 나갔다. 속지에는 이렇게 적었다.

유은혜 부총리님께.

특성화고, 마이스터고 재학생 수는 2020년 8월 기준 237,418명이라고 합니다. 이들이 경험하는 현장실습과 교육은, 이후 곧바로 청년이 되어 고졸 노동자로 살아갈 이들의 삶에 아주 큰 영향을 줍니다. 부총리님의 섬세한 관심과 구체적인 정책 대안을 부탁드립니다. 감사합니다.

2020. 10. 29.

청년정책조정위 부위원장 이승윤 드림

청년 산재는 나 개인적으로나 청년정책조정위원회에서도 중요한 사안으로 고민하던 문제였다. 당시 잇따른 청년 산재사고가 언론에서도 이슈가 되었는데, 2021년에는 유가족뿐만 아니라 학자와 활동가, 변호사 등의 전문가들이 중대재해 네트워크(중대재해전문가넷)를 결성하여 중대재해처벌법의 제정과 시행을 위해 힘을 모았다. '노동자의 산업재해'를 해결하고자 네트워크 참여자들은 온몸과 마음으로 힘을 합했다. 피켓 시위와 언론 활동 외에도 정부와 국회 그리고 청와대를 설득할 만한 사람들을 선정해 서면 질의를 보내거나 면담을 신청하는 등 다양한 연대 활동을 했다. 당시 청년 산재문제에 대한 책임감을 가지고 나는 법 제정 필요성에 대해 교육부 장관부터 청와대 사회수석실, 총리실 등에 틈이 나는 대로 의견을 전달했다. 이후 중대재해네트워크는 규제개혁위원회에도 연락을 취해 입법취지를 설명하려 시도했고 이곳에 연락이 닿을 수 있는 사람을 물색하고 있던 찰나, 나는 털어놓았다. 그 무렵 규제개혁위원 자리를 제안받았지만 고사했던 일을 말이다. 당시 중대재해처벌법 입법을 위해 온몸을 불사르고 있던 한 교수님께서 내 말을 듣고 하시던 말씀이 생생하게 떠오른다.

"이승윤 선생님, 앞으로는 그런 자리의 제안은 무조건 받아들이셔야 해요. 지금 같은 절실한 처지에 한 분이라도 권한 있는 자리에 있다면 얼마나 큰 도움이 될까요."

'권한 있는 자리'의 의미를 지금의 나는 깨달았을까. 아직도 잘 모르겠다. 다만 '권한이 있는' 소수의 사람들이 단기간에 가시적인 성과를 이룰 수 있을지 몰라도 권한은 언제든 잃어버릴 수 있을 테니 자리에만 기댄 변화는 제한적일 수밖에 없다. 반면 작은 권한이라도 다수의 개개인이 자신의 삶에 영향력을 행사할 수 있는 권한을 가지는 것은 마치 넓은 땅에 잔디가 퍼지는 것이나 넝쿨이 얽혀 자라는 것과 비슷한 변화가 아닐까. 중대재해처벌법의 입법만큼이나 중요한 것은 훨씬 더 많은 이들이 자리한 매일의 일터에서 서로의 권리를 보장하고, 노동자의 산업안전을 실천해나가는 것이다. 얼핏 보기에 작고 미약해 보일지 모르나 한 그루의 거목을 베어내는 것보다 넓은 들판의 온 사방에 퍼진 잔디를 훨씬 뽑아내기 어려운 것처럼, 이러한 공동체의 노력이야말로 우리 사회를 더욱 단단하고 회복력 있게 만드는 근본적인 추동력일 것이다. 그리고 이러한 변화야말로 오래 지속될 수 있다고 믿는다.

4부

경계에서의
고민

13

학자는 왜 무지한가
: 자신의 계급, 이론과 통계의 늪에서

"잘해줄수록 계속 더 달라고 하는 게 꼭 기초생활수급자랑 똑같네"라는 말을 빈곤층과 사회 취약계층을 연구하는 교수자들이 모인 회의에서 듣게 될 줄은 몰랐다. 요구사항이 많은 어느 집단을 두고 한 교수가 비유를 섞어 표현한 말이었는데, 그 말에 몇몇이 함께 웃었다.

약자의 안녕과 복지를 연구하는 학자들이 둘러앉은 자리에서 목격한 이 풍경은 매끈한 바닥에 추하게 쏟아진 오물을 바라볼 때와 같은 망연자실함을 불러일으켰다. 거부감보다 기이함에 가까운 감정이었다. 그것은 집단적 무지의 향연과도 같았는데, 그 집단에 속한 나 역시 어느새 물든 건 아닌지 자문하게 되었다.

연구대상이 연구자로부터 철저하게 타자화된 가운데, 연구자는 불안정노동자나 빈곤층, 사회적 약자가 경험하는 양상의 어느한 부분만 표면적으로 분석하다가 심각한 무지의 상태로 빠지는

지도 모른다. 사회적 약자를 연구하는 학자들은 이들의 삶과 욕구를 어떻게 해석하고 있는 것일까. 불평등, 불안정노동, 빈곤 그리고 사회적 약자에 대한 논문과 책이 꾸준히 생산되고 있으나 우리는 어떤 실재를 분석하고 있는가. 오랜 기간 연구활동에 전념한 학자의 현실 분석능력은 어떤 구조적 이유로 처참하게 무능해지기도 하는가. 나 역시 '무지의 베일'에 눈이 가려진 것은 아닐까.

에드워드 사이드는 『지식인의 표상』에서 지식인의 중요한 역할에 대해 '권력에 대항하여 진실을 외치는 이, 금기를 깨는 이, 목소리가 없는 자에게 목소리를 부여하는 이'로 정의했다. 사이드는 지식인이 자신의 지식과 기술을 이용하여 불공정과 억압에 도전해야 할 책임이 있다고 했다. 사이드의 이러한 견해는 팔레스타인 망명자이자 학자인 그의 경험에서 나왔다. 다른 학자들 역시 지식인의 역할과 정의를 비슷하게 다루면서[1] 이들을 사회의 양심으로 묘사하며, 지식을 통해 사회를 개선하는 데 어떻게 기여할 수 있는지 이야기한다. 공통적으로 이들은 지식인의 사회적 책무를 강조하고, 사회를 위해 지식과 정보를 활용하는 것이 중요하다고 설명한다. 사회적 책임을 강조하기에 앞서, 현상을 분석하고 이해하는 능력은 당연한 전제일 것이다. 하지만 사회현상을 분석하고 이해하는 단계에서 학자가 철저하게 실패하고 있다면, 그다음 단계인 사회적 책임으로 이어지기도 어려울 뿐만 아니라, 근거 없는 맹목적인 주장이 되어버릴지도 모른다. 그렇다면 학자가 왜 무지해질 수 있는지에 대한 규명은 그 역할을 주장하기 앞서 논의될 필요조건이다.

경계에서의 고민

이론은 현실이 아니다

학자는 왜 무지한가. 학자에게는 본질적으로 지식의 습득과 현상에 대한 해석 그리고 지식의 확산을 담당하는 역할이 있지만, 지식이 단순히 먼지로 뒤덮인 책과 논문에서 얻은 이론적인 것으로 한정된다면, 결국 순수한 이론 세계와 현실 세계 사이의 깊은 간극에서 실재는 굴절될 수밖에 없을 것이다. 이론은 현실을 분석하고 이해하는 도구일 뿐, 그 자체로 현실이 아니다. 이론이 현실을 완벽하게 재현하거나 설명할 수는 없다는 사실을 잊어버리는 순간, 학자의 시선은 복잡한 실재에서 멀어지고 현실의 다양한 얼굴을 간과하게 된다.

이 부분에서 바로 학자의 무지의 근원을 첫번째로 찾아볼 수 있다. 이론의 베일에 감싸인 무지함이라 해야 할까. 빈틈없이 정제된 이론의 세계에서 벗어나 현실의 바닥을 직접 만져보지 않는다면, 이 무지함을 극복하기란 결코 쉽지 않을 것이다. 이론과 현실, 두 세계 사이의 교각에서 이론에 대한 무한 신뢰는 때때로 학자들의 머리에 완강하게 자리를 잡는다. 이론은 현상의 해석에 도움을 주기도 하지만, 인식적 방해물로 작동할 수도 있겠다는 생각을 최근의 경험을 통해 하게 되었다.

노동시장 경험에 대한 뜻밖의 연구 결과 앞에서……

나는 청년세대 내 남녀 격차에 주목해 청년들이 노동시장에 어떻게 참여하는지 장기간 추적하며 경향성을 찾는 연구를 수행했는데, 뜻밖의 분석 결과가 나왔다. 2002~2022년 20년간 청년층의 불안정노동을 분석해보니 최근 들어 여성청년 중에서 매우 불안정한 노동자의 비율이 줄어들었다. 반면 남성청년 중에서는 매우 불안정한 노동자 비율이 크게 높아졌다.

오랫동안 여성은 노동시장에서 '매우 불안정한 집단'의 대표적인 범주였다. 여성청년의 노동시장 진입이 늘어나고, 이들은 중간 수준의 숙련이 필요한 서비스 직군에 주로 흡수되었는데, 그러면서 여성청년이 '매우 불안정 집단'에 속할 확률이 낮아진 것으로 보였다. 하지만 남성청년들은 2008년 전후를 기점으로 과거에 비해 소득 수준이 낮고 고용 관계도 불안정한 일자리에 진입하며, 동시에 사회안전망에서도 배제되는 비율이 높아졌다. 즉 노동시장에서 매우 불안정한 집단에 포함되는 경우가 늘어나고 있었다. 이와 관련된 대부분의 기존 연구뿐만 아니라 내가 해온 연구들에서도 여성이 남성에 비해 높은 불안정성을 나타낸다는 결과를 발표해왔기 때문에 첫 분석 결과는 당혹스러웠다.

그동안 여성이 불안정노동에 더욱 쉽게 노출된다는 연구들은 매우 많이 이루어졌다. 하지만 최근 국제 연구들에서도 남성청년의 불안정성이 확대되었다는 비슷한 연구 결과[2]가 소개되고 있다. 이들의 연구는 긱 경제gig economy로 인한 변화 등 새로운 일의 형태 및 노동시장 구조가 성별 및 세대 간 불평등에 미치는 영향을 논의했다. 특히 여성이 과거에 비해 임금노동에 더 많이 진입하게 된 반면, 제조업 등에 종사하던 남성들의 취업 기회는 줄어들었고, 플랫폼노동의 확대로 인한 새로운 형태의 불안정노동으로 남성청년들이 진입하는 것에 주목했다. 스카이 올명과 토드 프랑케의 연구는 미국 청년노동자의 불안정한 고용 궤적을 평가하여 성별에 따른 패턴을 파악했다. 남성청년과 여성청년 모두 시간이 지남에 따라 불안정한 고용 수준에서 상당한 변화를 경험하지만, 그 궤적은 성별에 따라 현저하게 다르다는 것이다. 여성은 어느 정도 불안정한 고용상태에 머무르는 경향이 있는 반면, 남성은 더 큰 변동 폭을 보이며 불안정한 지위로 이동하는 경향이 있다고 분석하기도 했다. 이는 청년노동자가 시간이 지남에 따라 저임금 또는 불안정한 일자리에서 자연스럽게 벗어난다는 가정이나, 남성청년에 비해 여성청년이 불안정노동에 지속적으로 집중되어 있다는 기존의 많은 연구에 도전하는 것이었다. 변화하는 노동시장에서 청년세대 내 불안정노동이 어떤 특징을 보여주는지 그리고 불평등의 변화 양상은 어떠한지 분석하는 것은 현재의 노동시장과 청년문제를 입체적으로 이해하는 데 매우 중요하다.

나 역시 최근 들어 한국 여성청년이 노동시장에서 경험하는 불안정성이 다소 개선되고, 한국의 남성청년은 과거에 비해 불안정노동을 경험하는 비율이 높아졌다는 분석 결과를 받아들이고 해석하는 데 어려움을 겪었기 때문에 다양한 학자들의 조언을 듣고 싶었다. 하지만 더욱 당황스러운 일련의 사건들은 서로 다른 학자 집단에서 나의 연구 결과를 발표하고 공유하면서부터 시작되었다. 한 집단에서는 남성 청년노동자의 불안정성을 밝혀준 의미 있는 연구라는 열렬한 환영과 함께 분석 결과를 지지해주었다. 그뿐만 아니라 꼭 논문으로 완성해 출판하길 바란다는 응원까지 받았다. 한편 다른 집단에서는 "여성청년의 처지는 나아지고 남성청년이 불안정해졌다는 연구 자체를 왜 이승윤 교수가 시도하는지 모르겠다"와 같은 매우 부정적인 반응에서부터 나의 분석 능력에 대한 의구심까지 드러냈다. 심지어 한 세미나의 좌장이었던 어떤 연구자는 나에게 전화를 걸어 내 발표문을 읽은 토론자가 현재 '반反젠더적' 연구 결과를 보고 매우 난처해하고 있으니 발표할 때 분위기를 감안하라는 귀띔을 해주기도 했다. 또다른 한 공간에서는, 이 연구를 발표하면 안티페미니스트로 엄청난 비난을 받을 것이 염려되니 연구를 지속하지 않는 편이 좋겠다는 '진심 어린' 조언을 해주기도 했다.

논문을 출판하기도 전에 내가 받은 비판과 우려 때문에 위축되어 이 연구를 접을까 고민한 것도 사실이다. 다행히 연구를 다시 정교화하는 데 있어 많은 이들의 피드백을 받았고 결과적으로 도움이 되었다. 그리고 현재 미완성된 이 논문은 앞으로 더 고민해서 분석 결과를 공유하고 학문적 논의를 확대할 계획이다. 하지만 일련의 경험에서 학자들의 다양하고도 극단적인 반응이 흥미로웠다.

하지만 각 집단이 주요하게 신뢰하는 이론들이 상이하고, 한 가지 현상을 해석하는 데 있어서도 적용하는 이론이 다를 테니, 결국 이론이 실재를 탐구하는 데 방해물이 될 수도 있겠다고 생각했다. 가장 중요한 질문은 물론 나 스스로에게도 향했다. 학자는 '믿고' 있는 이론이 실재를 해석하는 데 방해물이 되지 않을지 성찰해야 하고, 연구자들은 지식과 이론 생산의 구조를 인지하되, 자기 해석에 대한 끊임없는 의심이 필요하다.

학자의 계급과 타자화된 시각

　두번째로, 학자들과 사회 취약계층 간의 계급적 격차 또한 학자의 무지를 키우는 원인이다. 특히 대학과 연구기관에 소속된 교수 및 연구자는 대체로 안정적인 생계를 유지하며 지식 탐구에 몰두할 수 있는 환경에 있지만, 이런 안정성은 종종 학자의 시각을 편향되게 만든다. 학자는 육체노동이나 제조업, 대면 서비스업 등 완전히 다른 영역의 불안정노동자와 계급 격차가 있는 만큼, 그 경험을 이해하거나 공감하는 데 어려움을 겪을 수 있다. 또한 계급적 격차는 학자가 연구 대상자를 타자화하는 것으로 이어진다. 빈곤층이나 불안정노동자의 삶에 대한 경험의 부재는 이들의 입체적인 삶에 대한 실질적인 이해를 방해하고, 결과적으로 그 삶을 해석하는 지식은 왜곡될 수 있다.

　내 주위의 많은 교수자들은 자녀가 대학 진학보다는 당장이라도 소득활동을 해서 가계에 도움이 되길 간절히 바라본 적이 없을 가능성이 높다. 이들이 좋은 일자리만 선호하는 청년세대의 나약함에 대해 논할 때, 대상이 되는 청년에 자신들의 자녀는 포함될까? 생계급여를 신청하기 위해 동사무소에 다양한 서류를 제출하며 모멸감을 이겨내고 자신의 빈곤을 증명해본 경험이 없는 연구자라면, 빈곤층에게 '철저한 자산조사를 통한 급여 지급이 효율적'이라고 주장할 가능성이 크다. 장애인 혹은 이주노동자처럼 일상 속에서 다양한 배제와 차별을 경험해보지 못한 연구자는 집단적으로 목소리를 내는 이들의 투쟁에 대해, 조금이라도 법을 어기면 엄중한 처벌이 필요하다는 주장을 할지도 모른다.

연구자와 연구대상의 실존적 계급성과 위치성의 차이는 분석대상의 현실을 굴절할 수 있다. 학자는 자신의 사회적 위치로 인해 생기는 편향성에 대한 지속적인 자각이 필요하며, 이 격차에 대한 자각은 중요하다. 학자가 불안정노동 집단을 대변할 때, 즉 에드워드 사이드가 주장한 대로 목소리가 없는 자에게 목소리를 부여할 때, 그는 이 시도가 자신만의 착각일 수도 있고, 실패할 수도 있음을 인정해야 한다.

무엇보다 일상 속의 지식은 우리의 행위에 영향을 줌으로써 외부세계에 실재를 만들어낸다. 연구자가 주관적으로 경험한 다양한 실재는 연구자의 결과물과 정책제안을 통해 실질적 영향을 미친다. '연구자가 구성한 실재'에 불완전한 부분은 없는지 심도 있게 고민해봐야 하는 이유다.

수치 뒤에는 현실이 있다

학자가 무지한 세번째 이유는 '수치'가 가져오는 정보손실 때문이다. 수치는 공정하고 객관적인 것처럼 보이지만 결국 사람에 의해 선택되고 해석되며, 특정한 문맥에서만 의미를 갖는다. 하지만 학자들은 수치의 명백함에 현혹되어 종종 그 뒤에 숨겨진 현실의 복잡성을 놓치게 된다. 통계로 단순화된 세계에서는 수치로 표현되지 않는 인간의 삶과 감정, 그들의 일상의 순간이 사라져버린다.

일전에 수도권에서 인터뷰했던 한 남성은 비정규직으로 일하다가 몸을 다쳤는데 아파도 계속 일하다 몸이 완전히 망가져서 더이상 일을 할 수 없게 되었다. 결국 빈곤가구로 인정받아, 기초생활수급자가 되었는데 그에게는 열심히 공부해서 대학에 입학한 철든 딸이 있었다. 딸은 아버지에게 생활비고 등록금이고 걱정하지 말라고 하고 지방에 있는 대학 근처로 이사를 갔다. 어느 날 아버지의 급여가 나오지 않아 동사무소에 가서 물어보니, "딸의 소득이 잡힌다"고 했다. 가계소득이 빈곤선 위로 책정되어 급여가 중지된 것이다. 아버지가 딸에게 전화해서 물어보니, 딸이 생활비를 벌려고 노력하다가 운 좋게 4대 보험이 적용되는 대형 카페에서 일하게 되었다는 것이다. 딸은 잘된 일인 줄로만 알았다며 아버지에게 이렇게 말했다고 한다. "너무 죄송해요. 제가 사장님께 말씀드려 월급을 좀 줄이더라도 소득 안 잡히게 할게요"라고. 그 '죄송해요'라는 말이, 4대 보험 포괄성을 넓히자고 주장했던 나로서는 얼마나 난감했는지 모른다.

한국의 4대 보험 가입률은 2007년 86.6%에서 2022년 92.5%로[3] 꾸준히 증가하고 있고, 특히 노동자에게 중요한 고용보험 가입률은 고용보험이 처음 만들어진 1995년 20.6%에 그치던 비율이 2022년 77%로[4] 증가했다. 통계 수치를 보면 이제 더 많은 노동자가 사회안전망에 포괄되었고, 우리나라는 복지국가로 한 걸음 더 가까워졌다고 믿었다. 하지만 최저임금을 받고 겨우 자립한 청년이 자기 월급 탓에 가계 빈곤선을 넘어버려 가족이 생계급여를 못 받게 된 상황은 통계 수치로는 드러나지 않는다. 불안정노동자들을 만날 때마다 이런 사례를 드물지 않게 듣는다. 통계적으로 '증명'된 특정 정책의 효과 이면에는 다양한 부작용과 그림자들이 발견된다.

학자는 자신의 계급적 위치성을 이해하고 연구 대상자를 타자화할 위험에 대해 비판적인 시각을 유지해야 한다. 현실 분석에 있어서도 이론 또는 통계적 수치로 보증되는 전문성에 대한 무조건적 신뢰를 경계하고 자신의 이해와 경험을 넘어서는 실재에 대한 탐구가 필요하다.

지식인의 '시대적 책임감'이라는 개념이 이제는 아득하고 좀처럼 사용되지 않는, 어쩌면 '위선'으로 비치기도 하는 시대인 것 같다. 하지만 학자가 가져야 할 '시대적 책임감'이라는 개념에 무작정 냉소를 던지는 것은 무지로 가는 길을 재촉할 뿐이다. 학자의 역할은 단순히 사회현상에 대한 이해와 분석에 그치지 않고, 행동으로 확장되어야 한다는 규범적 논의가 필요하다. 연구자, 학자, 지식인은 단순히 지식을 축적하는 사람이 아니다. 그 지식을 활용하여 변화를 이끌어내는 사회적 행동가일 필요도 있다. 물론 가장 중요한 첫걸음은 학자의 무지를 자각하는 것이다.

14

한국에서 여성 연구자로 산다는 것
: 암묵적 관행을 깨고 가시화로

오늘 받은 이메일 두 통.

하나는 어제 모 신문사의 행사에서 기조 강연을 한 분이 보낸 메일이다. 패널이 전원 남자인 것에 대해, 외국에서 초대받은 이 분이 주최 측을 대신해서 청중에게 사과했다고 말했다. 그 학자 는 불안정노동과 불평등, 그리고 공유지 연구로 여러 저서와 연 구 논문을 출간하여 국내외에서 잘 알려진 교수다. 내가 영국에 서 박사과정을 밟을 당시 내 논문에 대한 논평을 받은 인연이 있 다. 이후에도 학회에서 만나면 한국의 비정규직 및 불안정노동 문제에 대해서도 큰 관심을 가지고 질문을 하거나, 내가 새로운 연구 결과를 발표하는 학회 세션에 참석하기도 했다. 그가 한국 의 언론사 초대로 강연을 하던 날, 나에게 보낸 이메일 내용의 일부다. "패널 전원이 남성으로 구성된 것을 보고 한마디할 수밖 에 없었습니다. 한국에 우수한 여성 학자도 많을 텐데, 이렇게 심각한 성비 불균형에 대해 내가 대신 사과했지요. 그런 발언을 할 때 나는 사실 마음속으로 이 선생을 떠올렸어요."

다른 한 통은 영국에서 박사과정을 할 때 조언과 격려로 많은 애정을 쏟아주시던 지도교수님이 보낸 메일이다. 교수님은 당신의 다른 여성 제자가 핀란드에서 장관이 되었다며, 젊은 여성 여럿으로 이루어진 내각 사진을 보내면서 짧게 한 줄을 남겼다. "이 교수가 핀란드에서 태어났다면 얼마나 다른 삶을 살고 있을지 상상이나 되나요?"

하필이면 하루에 두 통이 같이 도착할 게 뭔가. 짧지만 긴 여운을 남긴 두 통의 이메일을 나는 한동안 물끄러미 바라봤다. 감사함과 난감함이 복잡하게 뒤엉켰다.

남성 연구자와 해외 학자에 대한 과도한 인정

매일같이 대부분의 언론 매체가 큰 지면을 할애해 남성 인터뷰이의 발언을 싣고, 무게 있어 보이는 회의나 정책결정자가 모이는 대다수 행사 자리에서 마이크를 쥐는 것도 남성들이다. 한국사회를 다양한 시각으로 진단한다며 여러 분야 연구자의 글을 모아 엮은 책이 선거철이나 연말연시에 자주 출간되는데, 책의 저자는 전원 남성이거나 여성이 포함된 경우라도 겨우 한둘이다. 우리 사회의 주요 자리가 남성으로 꽉 찬 이미지가 쏟아져나오는 것이, 여성 연구자들에게 어떤 시그널을 지속적으로 주는지 주최자는, 기획자는, 정책결정자들은 그리고 미래의 연구자들을 양성하고 있는 대학 공동체는 어쩌면 별것 아니라고 생각할지 모른다. 많은 남성 연구자에게는 여성과 남성 사이의 선명한 구획이 잘 보이지 않을 것이다. 여성 비율을 조금 신경쓴 것 같은 학회나 포럼 등의 공식적인 자리를 면밀히 살펴보면, 어김없이 젠더문제나 돌봄을 주제로 한, 사회에서 여성의 역할로 간주되어온 영역을 주로 다룬다.

내가 여성 연구자임을 인식하지 않을 수 없게 하는 한국 학계의 한편에는 해외 학자에 대한 과도한 인정도 있다. 영국에서 박사과정을 밟고 있을 때, 나와 대등한 위치에서 토론하거나 가끔은 나의 문제제기나 비판에 곤혹스러워했던 외국 학자들을 한국 학계에서 어찌나 높이 우러러보는지 귀국 후 어안이 벙벙해지기도 했다.

한번은 출근길 라디오에서 영국에서 나를 지도해주신 또 한 분의 교수님의 목소리가 흘러나왔다. 앵커는 한국의 저출산 문제에 대해 저멀리 영국에 있는 백발의 백인 남성 학자에게 조언을 구하고 있었는데, 그는 "내가 한국 전문가는 아니라서 잘은 모르지만, 전통적인 가족에 대한 고정관념이 여전하고 여성의 역할이 아직도 너무 정형화된 것 같다"는 발언을 했다. 어린 아기를 친정엄마께 맡기고 새벽부터 일과 양육으로 고군분투하던 나는 운전중인 차 안에서 허탈하게 웃었다. 휴대용 유축기와 책, 그리고 아이와 친정엄마에 대한 돌덩이 같은 무거운 마음까지 잔뜩 가방에 넣고 뛰어나와, 막히는 도로 위에서 이런 대화를 듣고 있다니. 이 코미디 같은 상황에 웃음이 났지만 눈물도 났다.

비슷한 풍경은 자주 펼쳐졌다. 한국을 진지하게 연구해본 적이 한 번도 없는 해외 대학의 교수자들(대부분 백인 남성 교수다)에게 한국의 사회정책과 노동시장에 대해 평가해달라는 주문이 쏟아지는 가운데, 한국인 교수이자 여성 연구자인 나는 비록 한국과 동아시아 노동시장에 대한 연구로 박사학위를 받고 상도 받았지만 그런 질문을 받지 않는다. 여성 연구자의 전문성을 인정하지 않는 암묵적 풍토의 우리 학계에서 이들에게 주는 강력한 시그널이 있다는 것이다.

나는 김유휘 선생―그는 내 제자 가운데 박사학위를 받은 첫번째 학생이었다―과 한국에서 여성과 남성의 임금 및 고용지위 격차가 얼마나 큰지 그리고 그 이유가 무엇인지에 대한 연구를 진행했다. 연구는 「한국의 이중 노동시장에서 여성 외부자들: 동일가치노동 동일임금 달성의 난관들」[1]이란 제목으로 출간되었다.

남성박사와 여성박사의 소득격차

우리의 연구는 한국의 동일노동, 동일가치노동을 하는 남녀 간의 높은 임금격차를 설명하기 위해 한국 이중 노동시장(내부 노동시장과 외부 노동시장)의 서로 다른 임금체계에 집중했다. 논문에서 우리는 먼저 정규직 중심의 연공서열 임금체계가 성립된 역사적 배경을 다루었는데, 1970~80년대 연간 9%에 가까운 경제성장률을 달성한 가운데 대기업도 지속적 성장을 이루며 노동자의 생애임금을 보장할 수 있었다. 또한 이들을 대상으로 하는 고용보험제도의 발전에는 주로 정규직 (남성) 근로자로 구성된 노동조합 중심 운동도 요인으로 작용한다. 우리는 서비스경제로 진입하면서 여성 임금노동자가 증가한 것에 주목하고, 특히 동일가

[표8] 한국 고등교육기관 및 대학에서 일하는 교수와 강사의
고용 형태 및 성별 소득 격차 (2018)

	소득 (단위: 천 원)	시간당 소득	평균 나이	평균 주간 노동시간	평균 근속 연수	전체 교수자 대비 비정규직 교수자 (%)	남성 대 여성 소득 (%)	남성 대 여성 시간당 소득 (%)	전체 교수자 대비 여성 교수자 (%)	전체 비정규직 교수자 중 여성 비정규직 교수자 (%)
남성	5,874	38	51.4	38.3	13.6	8.3	66.9	84.5	29.1	62.5
여성	3,932	32	47.8	31.2	9.1	33.6				

*출처: 고용노동부 지역별 고용조사(2019)를 바탕으로 저자가 구성함.

치노동을 증명하기 어렵지 않도록 고학력자로 구성된 금융 및 보험 종사자와 고등교육 종사자들을 중심으로 남녀 임금격차를 구체적으로 살펴보았다.

연구 결과, 한국 대학에서 강의를 하는 박사들의 남녀 소득격차는 매우 심각했다. 한국의 대학 내 임금체계가 형성된 배경을 살펴보면, 엄격한 연공 기반 임금체계와 고용이 보장된 정년제도가 사립대를 중심으로 마련되기 시작했는데, 여러 국립대 또한 이러한 임금체계를 따랐다. 현재 다수의 대학에서 정년 트랙의 경우 여전히 연공기반과 성과제가 결합된 형태의 다소 변형된 임금체계를 두고 있다. 하지만 정년 트랙 교수자의 경우 기본적으로 연차와 직급에 따라 임금이 상승하는 체계를 적용하고 있다. 반면 비정년 트랙의 교수자나 강사에게는 체계화된 임금체계가 아예 없다. 시간제 강사 및 비정년 교수자의 임금체계는 대학마다 다른데, 중요한 것은 연차가 지나면서 정년제 교수자의 임

금은 상승하는 반면, 비정년 교수자와 시간강사의 임금은 정체된다는 것이다. 그런데 전체 대학 교수자 중 여성의 비율은 30%도 안 되는 반면, 전체 강사와 비정년 교수자 중 여성의 비율은 62.5%이라는 점에 주목할 필요가 있다. 결국 똑같이 박사학위가 있고 '강의하는 노동'을 주요하게 하고 있지만, 강사 및 교수자 집단 내 남녀 소득격차는 매우 높아지는 결과를 낳는다. 동일한 학력 수준의 남녀가 학계에서 경험하는 차별은 소득격차로 나타나는 것이다.

강사 및 비정년 교수자의 노조 비율을 보면 가입률이 저조해 협상력도 낮은데, 체계화된 임금체계가 없을 경우, 기존의 사회적 인식이 제도 대신 작동하기 쉽다. 공식적인 제도가 없을 경우 비공식적 제도가 영향력을 발휘한다는 것이다. 예를 들어 여성박사는 '가구 내 부차적 부양자'라든지, 여성은 모성보호를 가장 우선시하기 때문에 부양자인 남성 연구자의 임금보전이 더 중요하다든지 같은 사회적 인식이다. 학계 내 소득격차는 전반적인 노동조건을 둘러싼 남녀 격차의 오직 한 부분을 보여줄 뿐이다.

다수의 여성 연구자가 비정년 교수자나 시간강사로 일하며, 여기에 더해 아이나 부모 돌봄 그리고 가사노동 등의 짐을 지고 있는 경우가 남성보다 높다. 이와 같은 환경에서 여성 연구자가 남성 연구자에 비해 연구논문 게재나 학회 참가 등의 연구활동 실적이 상대적으로 저조하다고 하여, 그것을 연구능력의 부족으로 판단할 수 있을까.

여성 연구자들의 연구 생애, 왜 이들은 중도 탈락하는가?

최근의 해외 연구도 같은 문제의식을 보여주고 있다. 세라 윈슬로와 섀넌 데이비스[2]는 미국 내 여성 연구자들의 연구 생애를 살펴봤다. 이 논문에서 그는 여성 연구자에 대한 가족과 사회의 상대적으로 낮은 기대치로 인해 여성이 학계 밖에서 경력을 쌓거나 비정규직 연구자직을 받아들일 가능성이 더 높다고 설명했다. 특히 여성 연구자는 가정생활과 연구활동을 양립하기 어렵다는 인식이 이러한 결과에 영향을 준다고 분석했다. 또 소위 '아버지 프리미엄'으로 자녀가 있는 남성이 여성보다 정년 트랙 직위를 획득할 가능성이 더 높으며, 남성 연구자인 배우자를 둔 여성 연구자는 배우자가 있는 곳으로, 비정규직 일자리를 받아들이며 지리적 이동을 할 가능성이 더 높다.

같은 논문에서 매우 흥미로운 연구를 살펴볼 수 있었는데, 국제적으로 전 세계 83개국, 13개 학문 분야에 걸쳐 학계 내 여성 연구자와 남성 연구자의 연구격차와 불평등을 이해하기 위해 1955~2010년 55년간의 방대한 데이터를 활용하여 비교분석한 내용이다. 이들의 연구에서 주요 질문은 해당 기간 동안 여성박사 및 연구자가 증가한 가운데 학계에서 총 연구 생산성(저자당 논문 게재 수)과 논문 영향력(연구의 인용 횟수)이 성별에 따라 어떻게 차이를 보이는지 분석하는 것이었다. 이들의 연구 결과를 살펴보면, 지난 55년간 학계에 여성 연구자의 수가 증가했음에도 불구하고 연구 생산성과 영향력에서 성별격차가 더 커졌다는 모순이 나타났다.

그런데 구체적으로 살펴보면 남성과 여성의 연간 논문 발표 및 게재 건수는 비슷하고, 논문 영향력도 비슷했다. 다만 여성 연구자의 총 경력 기간과 중도 탈락률의 차이가 연구 생산성과 논문 영향력에서 격차를 벌리는 데 크게 작용했다. 평균적으로 남성 연구자는 (연구자로서의 경력이 있는) 해당 기간에 13.2편의 논문을 발표했다면, 여성 저자는 9.6편을 발표하여 총 생산성에서 성별격차가 27%에 달했다. 이러한 격차는 가장 생산성이 높은 저자들 사이에서 더욱 두드러져, 상위 20%의 남성 저자는 여성 저자보다 37% 더 많은 논문을 발표했다. 논문 영향력을 살펴보면, 남성 연구자는 여성 연구자보다 30% 더 많이 인용되었으며, 영향력이 높은 저자들 사이에서 남녀격차는 더 컸다. 영향력 상위 20%의 경우, 남성 저자는 여성 저자보다 36% 더 많이 인용되었다.

하지만 총 기간이 아닌, 연간 생산성을 고려할 때 남성과 여성의 차이는 미미해진다. 여성 저자는 연간 평균 1.33편의 논문을 발표했고, 남성 저자는 1.32편을 발표했다. 즉 총 경력 기간 내 연구자의 생산성에서 성별격차는 주로 '경력 기간의 차이'에 기인한다는 것이다. 남성 저자의 평균 경력 기간은 11년, 여성 저자는 9.3년이었다.

국제적이고 다학제적인 그리고 55년에 걸친 추이를 살펴보면 여성 연구자는 (학계를 떠나거나 논문 게재 활동이 전면 중단되는 등) 높은 중도 탈락률을 보였는데, 매년 여성 연구자가 학계를 떠날 가능성이 남성 연구자에 비해 19.5% 더 높았다. 이 연구는 남녀 연구자의 중도 탈락률을 동일하게 설정해두고 시뮬레이션해 보았다. 놀랍게도 남녀 연구자의 연구 생산성과 영향력의 차이가 약 3분의 2로 줄어들어, 중도 탈락률 차이가 이러한 격차의 약 67%의 영향을 미치는 것으로 나타났다.

이 연구 결과는 단순히 여성 대학원생, 여성 연구자의 수를 늘림으로써 학계에서의 성평등을 달성할 수 있다는 주장을 반박하며 제도 개선의 필요성을 보여준다. 특히 이공계 STEM 분야에서 남녀격차가 심각해 보이는데, 내가 특히 주목한 부분은 생산성이 매우 높은 저자들 사이에서 성별격차가 가장 두드러지게 나타났다는 점이다. 생산성이 높은 저자들이야말로 새로운 세대의 학자를 양성하고 롤모델로서 중요한 영향을 미친다는 점에서 우려하지 않을 수 없는 부분이다. 최고 생산성을 보여주던 여성 연구자들은 생애주기상, 활동이 허락됐던 한때를 활활 불태우고 소멸하는 것은 아닐까. 여성 연구자들이 논문 게재 등을 더이상 활발하게 하지 못하는 이유를 더 생각해봐야 한다.

여성 연구자는 에고이스트인가?

30대 초반 일본의 교토대학교에서 조교수로 일하던 시기에, 한국에서 교수 임용을 위한 면접 기회를 얻었다. 최종 면접을 위해 나는 설레면서도 긴장된 마음으로 총장을 비롯한 주요 보직자들 앞에 앉았다. 그런데 한 분이 나에게 이런 질문을 했다.

"이 박사는 아이도 있는데 지금까지 유학 가서 공부도 하고, 남편을 두고 일본에서 교수도 하고요. 열심히 산 것 같긴 한데, 혹시 본인이 에고이스트라는 생각은 안 해보셨나요?"

매우 뜻밖의 질문이었다. 적어도 그 질문을 한 여성 교수는, 출산과 유학의 갈래에서 그리고 양육과 경력 개발의 갈래에서 나와 가족들에게 절대로 쉽지 않은 결단이 있었음을 짐작할 줄 알았기 때문이다. 그 과정에서 밤새 이어진 숱한 고민과 여러 사람들의 잇따른 도움으로 이렇게 공부를 마치고 또 면접에까지 다다른 데 공감해줄 거라고 기대했기 때문이다. 이상하게도 나는 그 질문에 더이상 긴장이 되지 않았다. 오히려 차분하게 마음속의 진심을 말할 수 있었다.

"글쎄요. 저는 아이를 기르면서 스스로 이타적인 사람이라고 생각해본 적이 있긴 하지만 제가 혼자만의 삶을 사는 에고이스트라고 생각한 적은 없습니다. 제가 에고이스트라면 우리 사회구조가 저를 그렇게 개념화했겠지요. 정말로 제가 에고이스트라면, 먼저 에고이스트로 살아오신 제 앞에 앉아 계신 모든 여성 교수님들께 감사드릴 따름입니다."

한국사회에서 끊임없이 여성 학자(특히 신진 여성 연구자들)에게, 보이지 않지만 지속적으로 그리고 강력하게 내보내는 이 시그널은 무엇일까. 나는 지난 수년 동안 이 시그널을 늘 느껴왔다. 이제 나는 신진이 아니다. 지난 10여 년간 주요하게 도움을 준 소중한 조력자와 지지자, 그리고 거리낌없이 토론하는 데 위축되지 않는 성격 덕분에 어느 정도 이 자리까지 올 수 있었는지도 모르겠다. 하지만 이 구획의 시그널 앞에서 대다수의 신진 여성 연구자들은 움츠러들지도 모른다. 모 언론사 주최 행사에서 해외 남성 학자가 패널이 전원 남성인 것을 대신 사과했다는 해프닝을 듣고 나니, 나조차도 힘이 빠지지 않았던가. 나만 해도 부조리함 속에서 포기하고 그저 이 보이지 않는 룰에 순응해서 살고 싶은 마음이 잠시나마 들기도 했다. 아마도 나보다 더 유능한 한국의 수많은 젊은 여성 학자들이 오늘도 그렇게 시들고 있는지도 모른다.

물론 이대로 있을 수는 없었다. 몇 해 전 한국사회정책학회 회장이 여성 교수이던 시기에 나는 '여성사회정책연구자 네트워크'를 만들자는 제안을 했다. 직접 선언문을 작성하여 회람을 했는데, 당시 회장님과 더불어 이사회 여성 교수들이 마음을 합해주었다. 의도는 사회정책의 전 영역에서 여성 연구자들의 연구를 좀더 가시화하자는 것이었다. 무엇보다 중요한 토론회나 세미나에서 "여성 연구자가 없어서" 전원 남성으로 자리를 채울 수밖에 없었다는 주최 측에 도움(?)을 주기 위해 여성 연구자들의 주요 연구 분야 및 연락망을 공유했다. 또한 학회에서는 별도의 여성사회정책연구자 네트워크 세션을 구성해 신진 여성 연구자들의 발표 기회를 적극적으로 마련했다. 참석한 회의나 토론회 자리에 여성 연구자 비율이 저조하다면 문제 제기를 하거나 리스트를 보내주며 적극적으로 추천하기도 했다. 물론 이런 노력은 너무나 미미한 것이라 변화를 이끌어내기에는 턱없이 부족할 수 있다. 하지만 바라만 보며 안타까워할 수만은 없다. 한국의 여성 연구자들이 젠더 관점을 바탕으로 제기했을 수많은 좋은 연구 주제, 그리고 다양한 분석과 해석이 사라진다면, 그것만큼 우리 사회에 큰 손실은 없기 때문이다.

15

연구자의 쓸모
: 다른 세계의 현실을 논문으로 풀어낸다는 것

　명민하여 학문 활동이 기대되는 한 제자가 하루는 고민을 털어놓았다. 결혼하고 아이를 낳지 않은 자신이 가족정책을 연구한다고 하니, 한 선배가 그 주제를 온전히 연구할 자격이 되느냐고 물어서 자신이 없어졌다는 것이다. 해당 연구 주제에 대한 자신감뿐만 아니라 연구자로서 자질이 있는지도 모르겠다며 전반적으로 회의감이 든다고 했다. 그런데 그 질문은 여성 연구자에게만 던져질 법해 부당하게 느껴졌다. 여성 연구자를 젠더적 편견으로 가둬버리는 일은 다양한 방식으로 나타나는데 사실 나도 자주 겪어온 일이다. 그런데 찬찬히 들어보니 그의 주요한 고민은 연구자인 자신과 연구 대상자 간의 간극에서 혹시라도 중요한 정보를 누락하지는 않을까 하는 점이었다. 연구 대상자의 경험을 온전히 이해하지 못한 채 해당 주제를 연구할 '자격'이 있는지 의기소침했던 것이다.

나는 제자의 질문에 이렇게 답했다. "글쎄요…… 그러면 연구자이자 동시에 연구 대상자가 되는 사람만이 온전히 연구할 능력이 있다는 것인가요? 그럼 육아정책 연구는 오직 자녀가 있는 사람만 할 수 있나요? 육체노동자 연구는 거친 노동을 해본 사람만 할 수 있을까요?"라고. 그리고 농담조로 반문했다. "그럼 고래 연구자나 곤충 연구자는 고래랑 곤충도 아닌데 어쩌죠?"라고.

그가 한창 논문 작성에 집중할 시기라 다른 화두에 빠지지 않도록 일단 잘라 말하긴 했지만 연구자와 연구 대상자 사이의 간극에 대한 인식은 소중한 성찰이다. 연구자가 직접 경험하지 않은 세계의 일상을 분석하고 연구하는 것은 어떤 의미가 있는가. 불안정노동자, 저임금노동자, 빈곤노동자와 같이 다른 계급적 위치에서 일상을 영위하고 있는 이들을 연구라는 계기로 '잠시' 관찰했다가 안락한 연구실로 돌아와 써내려간 논문은 연구자에게만 유익한 것은 아닐까. 또한 나의 세계에서 형성된 인식체계는 연구에 어떻게 영향을 주고 있을까. 나는 과학적이고 객관적인 분석을 수행하고 있는가.

제자가 느꼈던 회의를 실은 나 역시도 너무나 잘 이해했고, 스스로 수없이 해온 질문이자, 여전히 하고 있는 질문이기도 하다. 연구과정에서 연구자와 연구 대상자 간의 거리는 가까워지기도 하고 멀어지기도 하는 움직이는 관계다. 연구과정에서 가까웠던 두 세계가 정말로 다르다는 것을 깨닫는 순간이 있다. 이때 느껴지는 여진은 짧게 스쳐가기도 하지만, 때로는 수년 이상 지속되며 내 생각과 감정까지 흔들어놓기도 한다.

연구 대상자들이 있는 공간에서의 만남

　질적연구 진행시에는 주로 연구 대상자가 가장 편한 시간대에 그에게 편한 공간에서 직접 만나 몇 시간 동안 인터뷰가 진행되기 때문에 여러 감각이 총동원된다. 인터뷰를 하러 가는 곳은 대부분 인터뷰 대상이 주로 시간을 보내는 동네나 일터 근처로, 그곳의 풍경은 새로운 시각적 정보를 준다. 연구 대상자의 옷차림, 그의 표정과 앉은 자세가 눈에 띄기도 하고 또 상대가 구사하는 언어나 목소리는 특정한 느낌으로 다가오기도 한다.

　한번은 청소노동자를 인터뷰하기 위해 그분들의 휴게실로 찾아갔다. 맨 먼저 느껴진 것은 지하의 습한 공기와 바닥에서 올라오는 찬 기운이었다. 휴게실 구석에는 자주 보았던 유니폼과 다양한 색깔의 도시락통이 가지런히 놓여 있었다. 내 연구실과 가까우면서도 한편으로는 무척이나 다른 풍경의 그곳은 다른 두 세계가 이렇게 병존한다는 것을 환기시켰다. 우리가 만나는 그 경계에서 나는 공책을 꺼내 들고 그들의 서사를 메모하기 시작했다.

　인터뷰는 그간 내가 책과 논문을 통해 연구한 이론으로 무장해서 대상을 만나는 것으로 시작된다. 하지만 막상 최대한 미시적으로 밀착해 들어가면, 내가 전혀 모르는 세계를 작은 구멍으로 살짝 엿보기 시작했을 뿐이라는 사실을 깨닫게 된다. 연구자와 연구 대상자의 간극을 좁히고자 좀더 가깝게 다가갈수록 우리는 사실 더 멀리 떨어져 있음을 알게 되는 모순적 상황이 '연구'라는 시공간에서 펼쳐지는 것이다.

자주 있는 일은 아니지만 한번은 연구 대상자인 노동자가 자신의 집을 인터뷰 장소로 제안했다. 함께 연구를 진행하던 동료와 지하철을 여러 번 갈아타고 다시 마을버스를 타고 내린 곳에서부터 지도 앱을 켜고 골목길을 빙글빙글 돌아 마침내 한 주택가의 계단을 올라 초인종을 눌렀다. 50대 후반의 그는 우리를 맞이해주었다. 우리가 아담한 거실 바닥에 앉자 그의 아내가 시원한 물을 내주었다. "노동자의 삶과 근로환경을 연구한다"는 취지를 설명하고 인터뷰를 시작하려는데 이제 막 걷기 시작한 아기가 거실 한쪽에서 아장아장하고 있었다. 아기를 귀여워하는 내 모습에 그는 "우리 막둥이 아들"이라고 웃으며 소개해주었다. 사실은 그에게 십대 자녀가 있는데 그 아이가 아이를 갖게 되었다는 것이다. 여러 이유로 아이를 낳기로 결심했지만 자식이 아이를 기를 처지는 안 되니 이들 부부가 손주를 입양했다는 사정을 자연스럽게 전해주었다. 나라도 같은 선택을 했을 것 같다는 생각이 들어 고개를 끄덕이며 새로운 가족의 탄생에 대한 이야기를 들었다. 내 주변의 지인들에게서는 듣지 못할 법한 일화를 그는 지극히 담담하게 풀어냈다.

　그런데 이야기를 전하는 그들 부부를 문득 어색해하는 내가 느껴졌다. 이유가 무엇일까 예민하게 따져보았다. 이 가족의 자연스러운 삶에서 내가 조금이라도 '부자연스러움'을 느낀 이유는 무엇일까. 내가 속한 세계에서 정형화된 생애주기와 '정상가족'이라는 개념이 이상적인 질서와 규칙처럼 여겨지면서 나의 인식 체계가 형성된 것이 아닐까 반문해보았다. 정상가족 이데올로기는 내 세계에서는 당연해 보일지라도, 막상 우리 사회에는 다양하고도 새로운 형태의 가족들이 수없이 많다. 하지만 특정한 사회경제적 위치성을 가진 연구자(특히 교수)는 오직 자신이 속한 세계에서 형성된 인식체계로 사회를 이해하는지도 모른다. 그 세계가 만들어준 안경을 끼고 바라본 표상은 얼마나 굴절된 모습인지 인식하지 못한 채 말이다.

다르게 존재하는 현실을 이해하기 위하여

연구 대상자와 연구자의 거리는 '다양한 실존적 주체'들을 인지할 수 있게 하는 좋은 구조일 수도 있다. 연구자와는 다른 삶의 모습과 인식체계를 가진 연구 대상자는 먼저 연구자 스스로가 믿고 있던 것들을 반문하게 하며, 이럴 때 현실 세계에 대한 이해가 넓어진다. 다른 문화와 인식체계, 행동양식과 삶의 풍경이 '비정상적'으로 존재하는 것이 아니라 '다르게' 존재하고 있을 뿐이다. 이 과정에서 연구자는 정상과 비정상의 담론은 어떻게 왜곡되어 있는지 분석할 실마리를 얻을 수 있다.

예를 들어 자녀가 없는 연구자가 돌봄의 고충을 느끼는 연구 대상자의 문제를 관찰할 때 자신의 세계와 그의 세계 사이의 간극을 예민하게 인지하는 것에서 새로운 인식이 싹틀 수 있다. 연구자는 자신이 믿고 있던 세계를 비로소 의심하고 반문해볼 수 있고, 제기된 질문을 학문적으로 풀어내는 것은 꽤 중요한 작업이다. 질문은 다양할 수 있다. 바로 옆에서 일하고 있는 노동자에게는 냉방시설이 제공되지 않는 반면 왜 나에게는 당연하게 제공되는가? '정상'가족을 전제하고 만들어진 여러 가족정책은 '정상적'이었나? 그렇다면 '정상가족'의 표상은 어떻게 재생산되고 있는가? 재생산된 정상성이 다른 이들에게는 어떻게 배제와 폭력의 기제가 될 수 있는가? 등등.

나 역시 내 연구자질과 자격을 매번 의심하지만, 연구자의 끊임없는 반문은 당연히 필요한 점검 절차이다. 연구는 대상자와의 간극에서 포착되는 다름과 다양성, 때로는 부조리와 불의를 해석하고 설명해나가는 과정이기 때문이다. 주류 세계가 어떻게 실존하는 다른 세계를 배제하고 때로는 착취하는지 집요하게 이해하는 것이야말로 연구자의 과제이다.

실천으로서의 연구 활동이란……

그렇다면 연구를 통해 빈곤과 노동의 서사를 논문으로 완성한다는 것은 어떤 의미가 있을까. 연구자와 연구 대상자의 간극을 좁혀 다른 세계에 더 가깝게 다가갈수록 두 세계는 예상보다 더 먼 관계라는 것을 인지하는 모순적 상황에서, 연구자는 사회현상을 '어떻게' 해석하고 '논문'으로 세상에 지식을 유통할 것인가. 곰곰이 자문해보니 두 명의 청년이 떠오른다.

한 명은 언젠가 나에게 "이렇게 힘들게 논문 쓰는데 아무도 읽어주지 않으면 무슨 의미가 있나요?"라고 물어본 제자다. 그래도 공부하는 과정은 재미있지 않느냐고 물으니 축 처진 어깨를 한 번 으쓱했다. "공부하는 것 자체는 좋은데 너무 어렵기도 해요. 그런데 그건 다 견딜 수 있는데 이걸 왜 하고 있는지 의미를 찾는 게 어렵습니다. 아무도 안 읽으면 이게 다 무슨 소용인가요?"

다른 한 명은 고등학교 졸업 후 짧지 않은 기간 동안 육체노동을 하며 산전수전을 다 겪은 청년노동자다. 평소 사회과학 책을 많이 읽는 그는 스스로 하위 20% 정도의 계급적 위치에 있다고 말했다. 그는 본인이 느끼기에 가장 난감한 '자기들의' 문제는 일상적으로 '속 터지고' '환장할' 일들을 경험하면서도 이걸 표현할 언어를 못 찾겠다는 것이라고 했다.

"이게 진짜 개짜증나는데, 뭐라고 어떻게 설명도 못하겠다는 거예요. 어휴, 씨. 근데 교수님 같은, 이제 학자들이 이 상황을 말로 풀어주니까 어떻게 싸울지 뭔가 도구가 좀 생기는 것 같더라고요."

연구를 진행하고 노동의 서사를 글로 나름 구성해보는 데는 부단히 많은 시간과 노력이 필요하다. 그런 만큼 정성스럽게 완성한 논문을 누군가 읽어주지 않아도 충분히 가치 있는 일일지 질문하는 것은 자연스러운 반응이다. 내가 생각하는 연구문제와 분석 결과가 많은 이들에게 아무런 경각심을 주지 않아도, 그런데도 이 지난한 과정을 거친 연구활동을 계속해야 할까라는 물음은 연구자가 되기 위해 준비중인 학생들뿐만 아니라 이미 수년간 학자로 살아온 연구자도 던질 수밖에 없다. 동기부여를 받고 싶었던 제자에게 "○○ 씨가 하는 주제가 얼마나 중요한데 그러느냐, 전혀 걱정하지 마라"고 말해주는 것이 어쩌면 힘이 되었을지도 모르겠다. 하지만 '실천으로서의 연구활동'이 무엇인지에 대해서는 좀더 깊이 생각을 해볼 필요가 있다.

연구자, 학문과 사회 사이에 다리를 놓는 사람

　연구자들은 복잡한 현상을 다양한 시각으로 관찰하고 해석하고 종국에는 글로 풀어내 유통해야 한다. 언어가 필요한 이들에게는 도구를 제공하고, 줄곧 사용했던 언어가 있는 이들에게는 새로운 도전장을 던질 수도 있다. 다양한 세계가 병존하는 가운데, 해석과 이론들이 치열하게 경합하는 과정에 보다 많은 사회 구성원들을 초대해야 한다. 이러한 끊임없는 논의 과정에서 이론은 더 견고해지기도 하고 부서지기도 하며, 또 새롭게 탄생하기도 한다. 사회과학 분야에서 '진리'는 상대적 개념이지만, 연구자들의 이론과 해석이 사회적 담론과 변화에 어떻게 기여할 수 있는지 환기해볼 필요가 있다.

　아마르티아 센의 '자유로서의 발전Development as Freedom' 개념에 관한 이론은 경제학과 사회정책에 대한 이해를 재구성하는 데 중요한 역할을 했다. 센은 경제적·사회적 발전을 단순히 소득 증가의 문제로 보지 않고 개인의 자유와 선택의 확대, 즉 삶을 살아가는 데 필요한 기회와 능력의 확대로 정의했다. 그의 이론은 어쩌면 전 세계 인구 중 극히 소수만 읽었을 연구와 논문을 다른 소수가 또 검증하고 논의하며, 기존의 이론을 기각하거나 발전시키는 수많은 연구활동을 통해 고안되었을 것이다. 유구한 역사에서 수많은 연구자들의 가설과 주장, 이론과 분석 결과가 서로 경합하며 마침내 새로운 이론이 그 모습을 드러냈던 것처럼. 검증된 그의 이론은 국제 개발정책과 사회복지정책에 영향을 미쳤을 뿐만 아니라, 교육·건강·성평등 등의 분야에서 정책 변화를 가져왔다.

학자라면 누구나 복잡한 현상을 다양한 시각으로 관찰하고 해석해 지금보다 나은 '변화'를 위한 지식과 아이디어를 제공할 수 있다. 마이클 부라보이Michael Burawoy의 공공사회학Public Sociology 이론[1]은, 학자가 단순히 지식 생산에 그치지 않고 이를 사회와 공유하고, 사회구성원들의 시각이 새롭게 구성될 수 있도록 연구자가 담론 형성에 기여해야 한다고 설명한다. 이론이 담론으로 발전하며 사회구성원들이 변화를 이끌어내는 데 기여할 수 있도록 방법을 모색해야 한다는 주장인데, 이러한 연구 영역을 '공공사회학'이라고 불렀다.

연구자는 학문과 사회 사이에 다리를 놓는 역할을 하며, 연구를 통해 더 넓은 대중과 의미 있는 방식으로 연결될 수 있도록 꾸준히 연구활동을 하는 자다. 물론 반문과 토론을 통한 사유의 과정이 누적되어야만 진실에 아주 미약하게나마 근접할 수 있다는 겸손, 어쩌면 영원히 앎의 경지에 이르지 못할지도 모른다는 회의가 연구자에게는 필요한 것 같다. 연구자는 자신이 속한 세계에서 생성된 주장에 의문을 제기하고 누락된 서사는 더욱 명확하게 드러내려고 하는 작업자일 뿐이다. 운이 좋으면 문제 해결 방안이 가끔 보이기도 하지만 그 역시 의심해봐야 마땅하다.

연구자는 질문을 던지고 끈질기게 답을 찾는 노동을 하며, 찾아낸 단서들을 해석해내야 한다. 저마다 자신의 작업에 의미부여를 할 수 있다. 하지만 성급한 의미부여 이전에, 복잡한 사회현상에 대해 끊임없이 질문하는 것이 먼저다. 이로써 사유하며 해석한 결과를 글로 풀어내는 작업은 충분히 가치 있는 '실천'이라고 믿는다. 그저 하루하루 담담히 실천으로서의 연구를 해나가는 수밖에 없다. '진리' 탐구는 어차피 연구자만의 몫이 아닐뿐더러 그런 부담을 느끼는 것조차 오만한 태도인지도 모른다.

16

주류 학자집단에 속한다는 것
: 특권과 평범함이라는 착각 사이

몇 해 전 한 연구소에서 이메일을 받았다. 메일은 내가 그간 쓴 불안정노동이나 사회정책 관련 논문 중 하나를 골라 일반인도 읽을 수 있는 쉬운 글로 다시 작성해달라는 내용이었다. 새로 착수할 연구도 아니고 분량은 A4 용지로 15쪽 정도면 된다 하니 반나절이면 끝날 만한 일이었다. 그런데 원고료가 1,000만 원이라는 것이다. 시민단체나 학회 등에서 글 청탁을 하면 적게는 5만 원 상당의 문화상품권을 주거나, 아주 많아야 30만 원의 원고료를 주는데, 너무 큰 원고료라서 어쩐지 마음이 불편해졌다. 연구소에 대해 알아보려고 홈페이지를 보니 유명한 대기업에서 '보다 나은 사회'를 위해 설립한 인문사회과학 분야 연구소라고 소개되어 있었다.

원고료가 과도하게 높기도 했고 한창 바빴던 시기에 반나절을 할애할 만큼 의미 있는 글쓰기도 아닌 것 같아 바로 거절하는 답신을 보냈다. 그러자 발신자는 바로 다시 메일을 보내왔다. 이미 많은 학자들이 연구소에서 발간하는 이 시리즈에 글을 작성했다며, 화려한 필진 명단을 첨부해 재고를 부탁했다. 명단에는 보수 성향이 짙은 학자들도 있었지만, 진보학자라는 타이틀로 언론에 자주 등장하며 명성이 자자한 이들도 줄줄이 보였다. 한참 그 이름들을 쳐다봤다. 어쩐지 한데 모아두면 어색할 법도 한 이들의 공통점은 무엇일까. 이 연구소는 왜 나에게 원고 청탁을 하는지 궁금했다. 내 이름을 제쳐두고, 이들을 한데 모아보니 '주류'라는 묶음이 생겼다. 그런데 학자들의 명단이 진보와 보수가 아닌, '주류'로 나뉘어 유통되는 현상에 대해서는 좀더 진지하게 생각해볼 필요가 있었다.

나는 학자집단에서 보이지 않는 게임의 룰이 작동하고 있는 것 같다는 결론에 다다랐다. 우리는 비공식적이지만 누구나 하고 있는 행동을 '관행'이라 부르는데, '주류' 그리고 '관행'이라는 두 가지 키워드를 한데 모아보니 빈곤이나 불평등, 그리고 노동을 연구하는 연구자에게 중요한 질문이 제기되었다.

보이지 않는 게임의 룰, 견고한 비공식제도

사회과학에서는 개인의 행위와 선택에 영향을 주는 유무형의 모든 것들을 '제도institutions'라고 한다. 제도는 법과 정책뿐만 아니라 한 사회의 규범과 문화까지도 포함하는 개념이다. 규범과 문화가 만드는 '제도'는 비유하자면 게임의 룰과도 같다. 또 상징이나 개념도 제도가 될 수 있다. 예를 들어 '현모양처'라는 개념은 여성과 남성이 일상생활에서 특정 선택을 하거나 행동을 하도록 제약을 가한다. 제도는 한번 형성되면 변하기 쉽지 않은데, 과거의 제도가 현재 시점의 행위자들의 권력 관계에도 영향을 주기 때문이다. 새로운 규칙을 만들어보려는 행위자들은 상대적으로 권한이 적다. 한편 기존 제도 덕분에 이미 권한과 자원을 많이 확보한 자들은 이를 유지하려고 한다.

보이지 않는 게임의 룰인 '비공식제도'에 대해 좀더 생각해보자. 공식제도의 대표적인 예로는 법 제도나 정책 등이 있는데, 그 존재가 대체로 잘 드러난다. 반면 비공식제도는 인간의 행위 양상을 결정하는 규칙, 규범 등을 지속하는 역할을 하는데, 쉽게 인식될 수도 있지만 인식되지 않을 수도 있다. 예를 들어 대부분의 민주주의 국가의 법 제도에는 성평등의 가치가 명시되어 있다. 하지만 여성에게 '바람직하다'거나 '적절하다'고 요구되는 이상적인 모성애와 아름다움, 헌신성에 대한 규범은 일상에서 은밀하고도 강력하게 작동한다. 또한 비공식제도는 종종 공식적 제도를 무력하게 만든다. 한국에 남녀고용평등법이 존재해도 견고한 성별분업 구조나 여성의 높은 경력단절 비율, 임금격차가 지속되는 현상을 보라. 비공식제도는 사람들의 행동을 제약하고 다양한 결정에 영향을 미치면서, 주로 암묵적인 제재와 보상을 통해 강화된다.

눈에 보이는 공식적 제도와 보이지 않는 비공식제도는 상호작용하며 공존하지만 대부분의 비공식제도는 공식제도를 보완해주면서 작동하기 때문에 인지되기 어렵다. 특히 기득권 행위자일 경우 자신이 비공식제도를 활용하고 있다고 인식할 가능성도 매우 낮다. 그에게는 기득권을 유지하기 위한 규범의 수행이 숨쉬듯 자연스럽다.

앞서 말한 대로 나는 청년정책조정위원회에 2년간 부위원장으로 참여했고, 당시 직위는 장관급 인사라 피상적으로나마 공식적인 행정체계를 경험할 수 있었다. 그 덕분에 흥미로운 점을 관찰하게 되었다. 청와대와 행정부에서 주요 권한을 가진 결정자나 행정가, 여당 정치인 그리고 다른 장관급 민간 인사들이 대부분 남성이라는 사실은 그리 놀랄 것도 없었다. 그보다 흥미로웠던 것은 이들이 비공식 석상에서 호형호제하거나 사적인 친분이 꽤나 돈독해 보였다는 것이다(어쩌면 과시하고 싶었는지도 모른다). 그리고 가끔 학자들을 만난 자리에서도 이들은 모 정치인이나 청와대 모 관료가 "내 후배다" "선배다" "우리가 꽤 친한 사이다"라고 자연스럽게 말하는 경우가 다반사였는데, 이는 일종의 '주류'라는 지배적인 범주 안에 누가 속해 있는지를 드러냈다. 이 범주에는 물론 기업인과 언론인도 포함되었다. 기업인도 선후배, 언론인도 선후배, 교수·정치인·정책가·고위공무원도 모두 선후배로 이어져 있었다. 우리 사회에서 권한을 가진 자들 중 이렇게 많은 사람들이 서로 선후배를 지칭하는 사이였다니. 주류 범주에 속한 이들에게는 인식되지 않겠지만, 주변부 범주에 속한 이들에게는 그 경계가 보이기 마련이다.

주류들의 부호화

그렇다면 주류학자의 행동 양식과 비주류학자의 행동을 규정하는 비공식적인 제도는 무엇인가. 관찰한 바로는 남성, 명문대 졸업자이거나 서울 소재 대학 교수, 유학파(주요하게는 미국), 정당 핵심층이나 기업인과의 관계를 자원으로 동원할 수 있을 만큼 이들과 친분이 있거나 실질적 관계(예를 들어 사외이사나 정당 자문단 등)를 맺은 인사가 지배적 범주를 구성한다. 정치적 자원이나 물질적 자원을 동원하기 위해서는 이들과의 호의적 관계가 적절한 것으로 간주되고, 심지어 좌우를 넘나드는 관계 맺기가 상당한 미덕으로 '부호화'*되고 있었다.

　이들은 그럴듯한 이름의 연구회를 결성하거나 동문회 등을 활용하여 게임의 룰을 강화한다. 이 범주에 '진보' '보수'의 성향은 게임의 룰을 유지하는 데 실질적 기능을 하지 못하거나 아예 무관하기에 전혀 부호화되지 않는다. 게임의 룰에 충실하게 따라야 보상을 받는 주류집단은 비주류를 주변화화거나 심지어 공간 침입자로 위치시켜야 자신의 특권적 지위를 유지할 수 있다.

　문제는 기득권 행위자일 경우 비공식제도를 인식할 가능성이 매우 낮다는 것이다. 이와 같은 게임의 룰의 비가시성과 낮은 인지 가능성 때문에 진보학자들도 "주류가 되어 사회를 변화시킨다"는 덫에 걸려든다고 생각한다. 보편적 인권과 노동권 보장을 지향하는 진보학자의 좌우 구분 없는 '주류집단'으로의 편입은

＊　보이지 않는 게임의 룰이 만들어지고 유지되는 데 '적절성' 개념은 중요한 역할을 한다. 주류적 행동 양식과 비주류적 행동 양식 모두에서 적절한 행동은 규정되는 동시에, 부적절한 행동은 금지된다. 주류집단에서는 공적 권한을 가진 인사, 정치적 인물 또는 기업가와의 교류 행위가 '적절한 것'으로 부호화되면서, 부호에 부합하는 행동은 게임의 룰로 작동한다. 보이지 않는 게임의 룰은 하나의 지배적인 범주를 만들어, 적절한 것으로 부호화된 행동에 반하는 행동을 하는 사람들을 주변적인 범주로 위치시킨다.

무엇이 문제일까? 나는 가난과 노동 그리고 불평등을 연구하는 학자나 지식인의 주류집단 합류가 어떤 위험성을 가져올 수 있는지 곰곰이 생각해보았다.

특권 대신 학문적 엄격함을 선택할 수 있을까

진보적인 관점에서 한국사회의 문제를 연구하는 학자라면, 자신의 신념이나 분석 결과에 따라 제안하는 정책이 실현되길 원할 것이다. 하지만 주류로의 편입은 학문적 엄격성을 스멀스멀 갉아먹을 위험이 다분하다. 이미 담론생산에 있어 지배적인 특권을 확보한 학자들에게는 치열한 연구와 분석 그리고 다양한 현상을 새롭게 해석할 능력이 강력하게 요구되지 않는다. 내가 부담스러울 정도로 높은 원고료를 제안받은 것처럼 주류집단 네트워크 안에서 연구비는 생각보다 쉽게 조달된다. 이 연구의 발주자는 주로 정부 관계자나 다양한 기업 부설 연구소다. 또 이들은 각종 화려한 포럼과 토론회장의 발표자나 토론자로 수년간 전혀 새로울 것 없는 비슷비슷한 발표문만 읽어도 연일 초대될 수 있다. 상대적으로 이토록 쉬운 길을 택한다면 주류집단의 관심 대상과 문제가 아닌 가난과 불안정노동, 불평등과 같은 주제에 대한 연구는 뒷전으로 밀릴 수 있다. 물론 주류적 위치에 있으면서도 지속적으로 치열한 연구활동을 하며 해가 갈수록 깊이를 더해가는 귀한 연구자들도 있다. 하지만 이러한 주제에 대한 연구비 마련조차 어려운 상황이라면, 소외된 연구 주제와 누락된 노동의 서사를 찾아다니며 엄격한 연구활동을 지속하리라는 기대를 하기 어렵지 않을까. 학문의 엄격성이 무너지는 것과 비가시화된 사회문제에 대한 연구 동기가 점차 소멸해가는 것은 떼려야 뗄 수 없기에, 주류집단으로의 편입은 사회에 대한 비판적이고도 분석적인 관점을 추구하는 학자로서 우려해야 할 문제이다.

한편 학자가 주류라 일컬어지는 순간 그에게는 일정한 청중이 형성되기 시작한다. 청중은 정부 정책결정자, 정치인부터 언론인 그리고 대중에 이르기까지 다양할 수 있다. 담론을 형성하는 데 어느 정도 특권을 확보하고 있는 것이다. 주류적 위치는 주요한 문제제기를 하는 데 효과적으로 활용될 수 있지만, 동시에 학자가 객관성을 유지하며 연구에 집중하는 데 교란 작용을 한다. 자신을 인정해주는 집단의 구성원이 믿고 있는 것과 완전히 다른 연구 결과에 온몸을 던져 주장을 펼칠 수 있을까. 학문의 엄격성을 지키는 데 있어 청중의 기대는 방해물로 작동할 수 있다.

기득권의 평범하다는 착각

두번째 위험성은 감각의 상실이다. 지배적 사회집단이라는 기득권이나 특권층에 속한 학자는 빈곤층도 불안정노동자 당사자도 될 수 없다(청년시절 한때 나도 어려웠다는 고백을 바탕으로 당사자이자 대변자임을 자처하는 연구자는 이미 학문적 엄격성에서 낮은 점수를 줄 수밖에 없다). 2차 자료와 이론, 수치로 나타난 빈곤율과 불평등지수는 연구자가 불안정노동자나 빈곤층의 삶을 입체적으로 이해하는 데 한계가 있다. 불평등지수가 작년에 비해 1% 포인트 감소하거나 증가했다는 분석 결과를 발표한다 하여, 노동자의 삶의 불안정성을 육체적으로 감각하거나 정서적으로 이해할 수 있을까.

이미 기득권층이 된 학자는 주류집단에 속한 사람들을 '평범한 이들'로 착각하는 경우가 많다. 청년정책조정위원회 활동을 하면서 나는 교수나 고위공무원을 비롯한 정치권 인사 등의 권력층이 자신의 자녀 또는 서울 소재 대학에서 만나는 청년들의 사례를 자주 언급한다는 사실을 알게 되었다. 반면 이들 대부분은 현장실습중에 사고로 사망한 실업계 고등학생, 오랜 시간 새벽노동을 하다가 목숨을 잃은 청년, 비닐하우스에서 동사로 생을 마감한 이주노동자 청년을 단 한 번도 현실에서 만난 적이 없을 것이다. 다만 이들의 이야기는 1명 또는 10명 또는 수십 명 등의 수치로, 단신 뉴스로 스쳐갈 뿐이다. 연구대상과 연구자의 실제적 위치의 간극은 이미 존재하지만 학자들이 기득권, 특권층, 주류집단으로 합류하면서 간극은 더 커진다. 노동과 빈곤의 현실을 객관적으로 관찰할 수 있는 감각은 특권층에 속하게 되는 순간 상실된다.

물론 '보이지 않는 룰'의 적절한 사용은 제도의 변화를 이끌어내기도 한다. 다양한 네트워크와 정보 등 동원 가능한 자원을 활용해 사회문제를 정치적 어젠다로 만들고 전략을 수립하는 것은 중요하다. 지대가 확보된 공간에서 중요한 담론을 생성하기 위해 주류로의 편입은 유용할 수도 있다.

그렇다면 실천적 지식인에게는, 그리고 나에게는 어떤 선택지가 있을까. 선택지를 고르는 과정은 주류화의 유용성과 위험성을 명확하게 인지한 상태에서 아슬아슬하게 그 중간 어디쯤에서 줄타기를 하는 것과 다르지 않다. 주류화를 통해 동원할 수 있는 자원에 대한 이익, 그리고 빈곤과 불안정노동의 현실 세계에 대한 감각의 손실 사이에서 손익분기점은 어디인가. 주류로서 자원과 권력을 가지고 현실을 변화시켜나가는 영향력과 학자로서의 엄격성에 가해질 손상을 저울질해본다면 어떻게 균형추를 놓아야 하는 것인가.

어느 쪽이 정답인지는 모르겠다. 오히려 영원히 불편하고 긴장된 상태에 놓여 있는 것이 진보적 가치를 지향하는 학자의 태도가 아닐까 생각한다. 줄타기의 취약성을 명확하게 인지한 가운데 질문을 끊임없이 던져야 하는…… 그래서 학자는 영원한 각성상태에 있어야 할 운명일지도 모른다.

17

연구 대상자와 연구자 사이
: 간극 속에 현실을 그려나가다

빈곤노동자를 찾아다니며 연구를 진행하던 때였다. 나는 처음 가본 지하철역에 내려 복잡한 거리를 지나 약속한 카페 앞에서 인터뷰 대상자인 그를 마침내 만났다. 그곳은 그가 제안한 장소였다. '근로능력자'인 그에게는 가끔 연락하는 가족(부양의무자)이 있어 기초생활수급자가 되지는 못했지만, 당장 먹고사는 일로 가족과의 관계뿐만 아니라 다른 사회적 관계도 모두 끊긴 상황이었다. 거처도 마땅치 않아 이곳저곳을 임시로 이동하며 생활하고 소득활동을 못한 지도 꽤 오래됐다.

인사를 나누고 카페로 들어가 자리를 잡았을 때, 마주앉은 우리 사이의 경계가 그때는 잘 드러나지 않았다. 내가 고심해서 준비해간 질문에 그는 성의 있게 답하며 어떻게 자신이 이러한 처지에 이르게 되었는지 차분히 설명해주었다.

그는 말을 이어가다가도 종종 집중력을 잃는 듯했다. 카페의 흘러나오는 음악 소리 너머로 그의 말을 놓치지 않기 위해 집중력을 발휘해보았지만, 쉽지 않은 과제였다. 대화 내용을 주위 사람들이 들으면 그가 불편해할까봐 나는 숨결이 느껴질 만큼 가까이 다가가 목소리를 낮추어 질문했고, 그가 작은 소리로 조곤조곤 말해도 들을 수 있도록 귀를 바짝 대었다. 그러다가 이야기 자체보다 그의 물리적 모습이 이질적으로 다가오기 시작했고 이 낯선 기운을 오감으로 감각하면서부터 나는 당황하기 시작했다. 그리고 두서없는 질문들을 해댔다.

우리 사이의 어떤 경계를, 특히 그의 몸짓에 내가 어색하게 반응하는 것을 인지하게 된 순간 부끄러운 마음이 들었다. 사회 속 경계선의 다른 편에 있는 내가 불편해한다는 사실을 그가 눈치챌까 두려웠다. 돌이켜보면 나의 계급적 위치와 불안정노동자 연구자라는 인식적 위치, 그리고 나와 연구 대상자가 살아가는 실존적 위치 사이의 간극에서 현기증이 났던 것 같다.

우리가 연구라는 지대에서 만났지만, 이러한 배치 관계가 인지되면서 경계 너머 다른 세계의 삶에 대한 연구활동으로 그 실재에 도달할 수 있을지, 나의 언어로 그의 삶을 정확하게 해석할 수 있을지에 대해서는 무엇보다 자신이 없었다. 그 인터뷰 이후 수년이 흘렀지만, 그때 느낀 스스로에 대한 회의감을 극복하고 종국에 그의 세계를 이해하는 데 얼마나 성공했던 것인지 자문해본다.

연구자와 연구 대상자의 자리

불안정노동자 연구를 진행하는 긴긴 여정에서 나는 연구자와 연구 대상자 간의 배치에 대한 질문을 여러 번 마주하게 되었다. 한번은 새벽노동을 하는 배달노동자를 작은 스터디 카페의 조용한 방에서 만나 인터뷰를 진행했다. 그는 충혈된 졸린 눈으로 나를 바라보며 답을 이어갔다. 문헌으로는 접할 수 없었던 미시적인 이야기를 조금이라도 더 듣고 싶은 마음에, 나는 몸을 가까이 기울이며 연신 질문을 했다. 하지만 그럴수록 우리 각각의 위치가 확연하게 인식되었다.

해가 뜬 낮시간에 연구활동을 하는 나와, 모두 잠든 밤시간에 대부분의 노동을 하는 새벽노동자는 물리적으로 마주치기 어렵다. 나는 그의 삶에 가까이 접근하여 새벽노동의 표상을 이해하고 싶었지만, 아마도 결국 경계에서 그를 연구 대상자로만 만났을 뿐일 것이다. 그는 "이거 끝나면 얼른 가서 다시 좀 자고 밤 8시쯤 일어나야 한다"고 말했다. 그가 일어날 시각에 나는 오늘의 연구를 정리하며 얼른 누울 생각을 하고 있을 것이다.

인터뷰를 마치면 이제 다른 시공간으로 걸어가 각자의 삶을 이어가겠지만, 잠시 교차한 그 경계에서나마 각자의 배치 관계를 구조적으로 해석해볼 수 있는 유용한 실마리를 얻었을까. 나는 그의 삶을 대변하지도, 전적으로 이해하지도 못한다. 다만 연구실로 돌아와 내가 들은 것과 느낀 것을 다양한 자료나 이론과 연결하며 해석해보는 작업을 시작한다. 그리고 새로운 이론과 정책으로 수립하려는 시도를 해본다. 한편으로는 '경계'에서 현상을 바라볼 때, 노동의 서사에서 조금 더 돌출되는 문제를, 나의 다른 위치성에서 포착해내며 연구할 수 있기를 여전히 희망하기 때문이다.

변화하는 일의 형태, 기존 제도와의 간극

직접 진행한 인터뷰와 기존의 논문, 그리고 데이터를 통해 접하게 된 불안정노동자들의 인터뷰는 과거보다 그리 나아지지 않은 노동현장을 보여주었다. 자본주의 사회에서 자신의 노동을 상품화해 얻은 소득으로 삶을 영위할 수밖에 없는 종속적인 삶, 그 삶에는 임금노동의 태생적 불안정성이 있다. 여기에 프리랜서, 종속적 자영업자 그리고 플랫폼노동자에 이르기까지 기존의 임금노동과는 달리 변화한 형태로 일하는 노동자들에게는 여전히 같은 문제 또는 완전히 새로운 문제들이 복합적으로 얽혀 있다. 달라진 노동환경은 노동자를 예측 밖의 위험에 노출시킨다. 결국 상품화된 노동이라는 익숙한 문제와 변화한 일의 형태가 등장하면서 떠오른 새로운 문제를 관통할 이론이 필요했다. 그래서 나는 불안정노동의 모습을 미시적으로 추적하는 연구와 이론과 제도에 대한 연구 사이를 왔다갔다하기를 반복했다. 경계선까지 다가가 알게 된 것들은 때로는 책상에서 데이터를 통해 살펴본 모습과 다르기도 했고, 때로는 기존 이론을 반증할 작은 퍼즐 조각을 제공하기도 했다.

불안정노동자가 당면한 노동 현실은 많은 부분에서 나와 같은 사람들, 즉 불안정노동자가 아닌 사람들이 만들어놓은 제도와 들어맞지 않았다. 긴 시간에 걸쳐 마련한 제도들이 구체적으로 어느 지점에서 어떻게 미작동하는지 이해하고 싶어 다시 연구할 채비를 하고는 했다. 비정규직·돌봄노동자·버스노동자·영세자영업자·청소노동자·콜센터 노동자·플랫폼노동자·아픈 노동자·해고노동자·프리랜서 노동자·노인빈곤 노동자·불안정한 청년노동자·하청노동자·새벽 배달노동자·영세사업장 노동자…… 이들이 한국사회의 구조에서 어떻게 실존하고 있는지 더 가까이 다가가 이론과 데이터로 충분히 풀 수 없는 암호들을 해독하고 싶었다.

이와 같은 연구활동은 불안정노동자의 작업장이나 거주지 근처 등 그들의 공간에 찾아가 한 시간 이상씩 심층면접 조사로 시작된다. 다양한 법 제도가 선진국 수준으로 발전한 한국에서 왜 이토록 불안정노동자가 많은 것인지, 우리가 믿고 있는 사회보장제도가 구체적으로 어느 지점에서 미작동하는지, 질문을 던진다. 이러한 연구활동을 이끄는 것은 의무감이나 선한 의지라기보다는 무엇보다 현상을 제대로 이해하고 싶다는 근본적인 호기심이다. 노동자의 일과 삶, 그리고 공적 영역에서 정책과의 관계를 풀어나가는 데 있어 그동안의 한국 노동시장과 사회정책, 그리고 국제비교를 통해 정교화한 이론을 통해 유용한 해석을 내놓을 수도 있겠다며 때로 자신감이 차오르는 날들도 있다.

노동자들이 어떤 식으로 불안정해지는지 좇으며 포착한 것은, 일하는 방식이 달라지고 있지만 노동자를 보호하는 제도들은 여전히 기존의 노동 방식에만 초점을 맞추고 있다는 것이다. 이런 보호제도들에는 노동법·사회보장법·근로환경 보호·노조법·최저임금과 노동시간 규제·교육과 숙련 제도 등이 있다. 기술 발전은 생산성을 높이고 사회를 발전시키는 데 도움이 되지만, 변모한 일의 방식은 오랜 보호제도와 맞지 않아 문제가 생긴다. 즉 오늘날과 맞지 않는 제도는 노동자들이 겪는 불안정성을 키우고 있었다.

연구의 정확성을 위한 성찰

노동자와 다른 사회계층적 배경을 갖는 내가 과연 불안정노동 연구를 감당할 적임자인가에 대한 의심은 계속됐다. 하지만 이러한 의심은 회의와 무력감으로 이어지기보다는, 불안정노동자와 나 사이의 계급적, 계층적 차이가 연구에 어떠한 영향을 미칠 수 있는지 깊이 고민하는 것으로 확대되었다. 연구자로서 위치성이 연구 주제와 대상에 대한 인식을 형성한다는 것을 인정하되, 계급적, 계층적 차이가 연구의 방향성과 결과에 미치는 영향을 경계해야 한다. 실상 우리가 실재라고 믿는 것은 사회구성원들의 상호작용을 통해 지속적으로 재구성된다.[1] 사회구성원 간의 수많은 배치 관계 즉 불안정노동자와 기업, 소비자, 언론뿐만 아니라 불안정노동자 간의 관계 등 수많은 상호작용 속에서 '그려지는 실재'를 해석해야 한다. 예를 들어 노동자의 가정을 방문하여 상호작용하면서 느껴진 어색함은 그들과 나 사이에 존재하는 경계선에서 비롯된 것임을 깨달았고, 이를 통해 내 안의 정상성과 비정상성의 의미를 재고할 수 있었다. 불안정노동자와 함께 식사를 하거나 그들이 긴 시간을 보내는 작업 현장에서 인터뷰를 진행하면, 그 경험과 감정을 보다 직접적으로 공유하며 실재를 더 깊이 파악할 수 있었다. 또한 노동자들 간의 관계와 연대의 의미를 그들 사이에서 일어나는 소통에 직접 참여함으로써 가늠해볼 수 있기도 했다. 연구자는 작업장에서의 협력 방식이나 갈등 해결 과정에 직접 참여하거나 이를 관찰함으로써 사회적 네트워크와 지원 체계를 이해하고, 서로를 지지하고 공동의 문제를 해결하는 방식에 대한 중요한 단서를 얻을 수 있다.

한국사회에서 불안정노동의 현실은 점점 더 복잡해지고 있다. 이 변화하는 노동계층의 서사를 이해하려면, 연구자와 정책결정자는 불안정노동의 미시적인 풍경을 놓치지 않고 포착해야 한다. 이는 연구와 정책 설계에 있어 사회적 구성주의 관점을 적극적으로 통합해야 함을 의미한다. 사회적 구성주의란 지식, 개념, 의미 등이 구성원 간의 상호작용과 맥락에서 형성된다는 관점이다. 즉 우리가 알고 있는 사실이 독립적인 것이 아니라, 사회적으로 동의하고 공유하는 과정에서 만들어진다는 것이다. 세계에 대한 인식은 그저 객관적으로 존재하는 것이 아니며, 공동체 내의 합의를 통해 형성된다. 이러한 관점에서 불안정노동의 실제는 통계적 수치뿐만 아니라 노동자 개개인의 경험과 인식까지 고려해야 그들의 삶에 대한 이해가 제대로 구성될 수 있다.

불안정노동 연구는 다양한 간극을 인지하며 그것들을 좁혀가는 과정에서 내가 이해하게 된 것들을 물성화하는 작업이다. 연구과정에서 우리가 믿고 있는 제도가 실존하는 현실 세계와 동떨어져 있음을 깨닫게 된 순간, 정책과 이론을 생성한 학자들의 계급적, 실존적 위치가 불안정노동자들의 빈곤한 현실과 얼마나 동떨어져 있는지도 가늠하게 됐다. 당사자가 아닌 자가 불안정노동의 표상을 그려보는 것은 어떤 의미를 갖는가? 연구하는 제도와 실재와의 간극은 어쩌면 영원히 메워질 수 없을지도 모른다는 자기 의심을 나는 이제 연구과정에 최대한 유용하게 녹여내 보기로 했다. 경계선을 따라가는 이 길의 종착지는 어디일지 명확하지 않다. 하지만 이 여정에서 발견되는 모순과 간극을 인식하고 끊임없이 질문을 던지는 것이야말로 '실재'에 한 걸음 더 다가가는 과정이자 연구의 본질적 가치일지 모른다.

연구 노트:
불안정노동의 다양성과 액화노동[1]

    표준적 모습의 노동을 둘러싼 여러 경계가 점차 녹아내리고 있는 현상을 하나의 개념으로 구체화하기 시작한 것은, 다양한 불안정노동자에 대한 연구를 어느 정도 완료한 후였다. 비정규직, 하청노동자, 아픈 노동자, 영세 자영업자, 청소노동자, 콜센터 직원, 해고노동자, 청년노동자, 필수노동자, 새벽 배달노동자, 영세사업장의 노동자, 프리랜서, 플랫폼노동자 등. 다양한 모습으로 어디에나 존재하는 불안정노동자들을 관통하는 특징은 무엇일까. 노동자들의 일터 환경과 사회안전망의 경험, 그리고 불안정성을 미시적으로 살펴보기 위해 각각의 대상에 대한 연구를 수행하면서 이들의 공통적인 속성과 모습을 어렴풋이 이해하게 되었다.

    사회학에서 노동의 개념을 정의하려는 시도는 계속되었다. 바우만에 따르면 노동은 "사회의 물질적 필요를 공급하기 위해 인간이 육체적, 정신적 노력을 들이는 행위"로 정의된다.[2] 한나 아렌트는 인간의 활동 양식을 노동labour, 작업work, 행위action로 구분하여 설명하기도 했다.[3] 노동은 주로 고생, 고통, 수고를 의미하는 개념이었지만 근대 이후에는 임노동 계약 관계에 기반한 생산적 노동을 의미하게 되었다고 설명한다. 산업화 과정에서 노동은 자본주의가 지속되는 데 핵심적 역할을 해왔는데, 특히 인간 존재의 중요한 속성, 근대를 특징짓는 문화적 지표로 간주되기 시작했다.[4] 물론 바우만이나 아렌트의 논의 외에도 노동의 개념에 대한 방대하고도 훌륭한 연구들은 많다.

그런데 최근 나는 노동labour이라는 개념보다 일work이라는 개념이 더 자주 활용되는 현상에 관심을 가지게 되었다. 국제노동기구도 노동의 미래가 아닌 '일의 미래the future of work'를 화두로 던지고 있다. 정해진 노동시간과 작업 공간, 고용주의 가시적 지위와 예측 가능한 고용기간 등 임금노동의 특성이 표준화되었던 과거와 달리, 이러한 고용 관계에서 벗어난 다양한 일의 형태가 확산되는 것에 주목하며 보다 넓은 의미의 '일'을 어떻게 개념화할 수 있을지 고민이다. 가장 최근에는 노동이 수행되는 공간과 고용 관계를 구분해내기 어려운, 새로운 형태의 보이지 않는 일 invisible work로서 디지털 노동이 부상하고 있다.

일의 모습이 다양해지는 것과 기술 발전의 연결고리를 이해하는 것은 중요히다. 지난 연구를 통해 나는 디지털 기술 발전의 예찬 뒷면에 자본과 노동의 관계, 사용자와 노동자의 관계가 어떻게 더욱 비가시화되는지 눈여겨보게 되었다. 수입을 제공하는 직업 또는 일자리 개념은 프로젝트, 일감, 작은 일감 등의 단위로 세분화됨으로써 노동 자체를 쪼갤 뿐 아니라 고용 관계 자체를 모호하게 만든다. 온라인 플랫폼을 활용하여 다양한 일을 하는 프리랜서, 플랫폼노동에는 이러한 변화가 고스란히 반영되어 있다.

고용 관계는 모호성이 극대화되었지만, 다수 평가자들의 별점과 알고리즘은 프리랜서인 이들을 '프리free'하게 만들지 않는다. 쉼과 일의 경계는 사라져가고, 작업 장소와 사적 공간 등의 경계가 희미해지고 있다. 회사, 공유사무실, 카페, 개인 책상과 침대 어디서든 자유롭게 일할 수 있게 되었지만, 새로운 형태의 노동 이면의 불안정성을 들춰볼 필요가 있다.

액화노동, 전통적 노동 개념의 경계가 무너지다

노동이 기존의 표준화된 모습과는 다르게 변화하는 현상을 '액화노동'이라는 개념으로 설명할 수 있다. 노동의 개념을 전통적으로 구성하던 여러 경계가 녹아내리고 있는 이 현상은, 기존에 유지되어온 법 제도를 공부하면서 더 확연하게 관찰되었다. 액화노동은 비표준적non-standard이고 비정형적atypical인 노동 형태를 포괄한다. 여기에는 비정규직, 하청노동부터 근로자성 자체가 형해화된 프리랜서와 플랫폼노동, 긱노동, SNS 크리에이터, 그리고 '세분화된 일감을 맡는' 다양한 형태의 크라우드노동crowd work까지 포함된다.

액화노동은 일반적으로 근로기준법에 규정된 일의 방식과 작업장의 범위 그리고 정해진 노동시간, 고용주와 노동자의 명확한 관계에서 벗어나 있다. 구직 방식, 계약 방식, 기술 습득 방식뿐 아니라 임금 산정 방식, 노동시간, 통제 방식까지도 달라진 것이다. 액화노동에서는 특히 눈에 보이지 않는 종속성이 존재한다. 1인 자영업자나 특수고용 관계(이하 특고) 노동자는 법적으로 일감을 제공하는 사람과 독립적인 계약 관계를 맺은 듯하지만, 사실은 일방적인 종속성을 띠거나 계약자가 통제받는 경우가 많다.

노동자들은 종속성에 따른 불안정성을 경험하지만 현행 법 제도의 규정상 노동자로 인정받지 못한다. 이는 마땅히 노동자를 보호해야 할 법 제도의 한계를 보여준다. 법 제도로부터의 배제와 불인정은 사회보장제도로부터의 배제로 이어진다. 이들은 법적 보호와 사회안전망의 사각지대에 놓이게 되는 것이다. 그 결과 단순히 전통적 의미의 저임금-불안정노동자가 아닌, 새로운 모습의 불안정노동자가 등장하게 된다.

노동과 노동자를 정의했던 여러 개념적 경계들이 빠르게 녹아 내리고 있는 가운데, 제도는 경직된 채 노동자의 권리를 보장하는 데 실패하고 있다. 그런 점에서 '액화노동'이라는 개념은 노동의 변화에 대한 우리의 더 깊은 이해를 요구하고, 현대 사회에서 나타나는 다양한 형태의 불안정노동을 포괄적으로 설명하여, 그 이면의 문제점을 드러내는 데 유용할 수 있다. 나는 다양한 불안정노동자 집단을 대상으로 연구를 수행하며, 그들의 삶과 일터의 풍경을 미시적으로 들여다보았다. 그 과정에서 노동의 변화와 보호제도 긴의 '교차점'을 분석하는 단계로 나아가야 함을 깨달았다. 구체적으로 어느 지점에서 우리 사회의 제도들이 노동자의 주권과 삶을 보호하는 데 실패하고 있는지, 그 누락된 지점에서 노동자들이 어떤 방식으로 불안정해지는지를 면밀히 분석할 필요가 있었다.

1970~80년대 2차 경영혁명, 액화의 시작

불안정노동을 이해하기 위해서는 노동의 모습이 어떻게 변화해왔는지 좀더 긴 역사적 궤적 안에서 살펴봐야 한다. 서구에서 산업화 시기의 노동은 이전의 농민이 일하는 방식과 다르게 '표준화'되며 빠르게 규격화되었다. 규격화된 노동의 특성에 맞게 정부는 노동자들을 보호하기 위해 수많은 법 제도와 사회안전망을 만드는 노력을 해왔다. 서구 유럽의 경우 산업화라는 엔진을 가진 자본주의는 복지국가와 함께 발전했다. 복지국가가 노동자의 사회권을 위해 만들어진 면도 있지만, 다른 한편으로는 복지국가 덕분에 노동이 재생산되며 자본주의가 지속될 수 있었다. 그런데 이처럼 정형화되고 규격화된 노동의 모습을 둘러싼 여러 경계들이 왜, 언제부터, 그리고 어떠한 방식으로 녹아내리는 것일까? 노동은 어떻게 새롭게 추출되고 있는 것일까?

노동의 액화가 진행된 배경으로는 1970년대부터 시작된 서비스산업의 성장과 1980년대에 시작된 '2차 경영혁명'을 고려해야 한다. 이 변화는 기업들이 핵심적인 일만 직접 하고, 나머지는 외주로 맡기는 방식으로 노동시장 유연화를 가져왔다. 제조업 분야 생산직 노동자를 예로 들어보자. 이전에는 공장에서 모든 부품을 직접 생산했다면, 이제는 기업들이 핵심부품만 제조하는 등 핵심역량은 유지하되, 나머지는 외부에서 조달한 부품을 사용하거나 업무를 외주화한다. 이런 변화는 기업들에게 비용 절감과 효율성

제고의 기회를 제공하지만, 외주화된 하청기업 노동자들은 피라미드 구조에서 아래로 내려갈수록 저임금, 열악한 작업 환경, 노동 강도 증가 등의 현실을 감수할 수밖에 없다.

또한 기업들은 정규직 고용을 최소화하고 나머지 인력을 비정규직이나 프리랜서, 플랫폼노동자 등으로 대체한다. 이는 기업에 직원 관리 비용, 해고 비용, 직업훈련과 교육 비용, 사회보험 비용 등을 줄일 기회를 제공하지만, 노동자들에게는 불안정성을 더한다. 다단계 하청구조에서뿐만 아니라 다양해진 계약 관계에서 노동자와 고용주 간의 관계는 모호해진다. 또한 고정 근무시간의 붕괴, 노동과 여가의 경계 희석, 기업 내 새로운 관리 및 통제 방식의 도입, 업무 과정 재구성, 아웃소싱 등이 이어진다. 이러한 변화 결과 하청노동과 비정규직이 증가하고 자영업자이지만 종속성을 띠는 '가짜 자영업자'가 늘어나게 된다. 이러한 흐름은 노동자의 법적 지위를 해체하는 경향이 있으며, 결국 노동시장에서 발생할 수 있는 위험을 개인이 직접 떠안아야 하는 상황을 초래한다.

'종속적 자영업자'에 대한 분류 논의

기존의 법 제도와 잘 들어맞지 않아 최근 활발하게 논의되는 새로운 형태의 노동은 '종속적 자영업자'이다. 국제노동기구의 국제 종사상 지위 분류ICSE, International Classification of Status in Employment에서는 2018년에 기존의 '임금노동자-자영업자' 구분이 '종속취업자-독립취업자'로 변경되었다. 직무상 권한 정도에 따라 종속 도급계약자dependent contractor와 자기계정 자영자own-account workers로 세분화되기도 한다.[5] 이러한 변화는 전통적인 임금노동자와 자영업자의 경계가 점차 희미해지는 현상을 나타낸다. 노동 형태를 구분하는 데 있어 단순히 고용주에게 임금을 받는 노동자인지 아닌지의 유무보다 '종속' 여부가 더 중요한 기준이 되었음을 시사한다. 특고노동자, 프리랜서, 플랫폼노동자 등 새로운 형태로 일하는 사람들이 증가하고 전통적인 고용 관계의 경계가 모호해지면서, 노동자의 실질적인 종속성과 자율성을 분류에 더 정확히 반영할 필요가 있었다.

한국에서 종속적 자영업자의 분류 체계에 대한 논의가 시작된 것은 2010년 초로 국제적 논의가 이뤄진 때와 비슷했지만 그 방법에는 다소 차이가 있다. 엄밀히 말해서 이 시기의 시도는 전체 종사상 지위 차원에서 분류 '체계'라기보다는 고용상의 특수성을 식별한 것에 더 가깝다.*

통계청은 종속적 자영업자를 "독자적인 사무실, 점포 또는 작업장을 보유하지 않으면서 비독립적인 형태로 업무를 수행하지만, 근로 제공 방법과 근로시간 등은 독자적으로 결정하며, 개인

---

* 조돈문 외 여러 연구자들의 시도는 먼저 2014년 한국근로환경조사를 토대로 특수형태근로종사자의 규모를 직종별로 추정해낸다. 여기서의 정의는 통계청의 정의를 따른다. 그 뒤 이 비율을 지역별 고용조사의 직종별 임금근로자 수에 곱하는 방식으로 전체 임금근로자 중 특수형태근로종사자의 수를 계산한다. 이 연구에서는 종속적 자영업자를 식별하기 위한 다소 체계적인 시도가 발견되지만 이를 아직 '분류 기준'으로 보기는 어렵다. 조돈문·조경배·심재진·김기선·황수옥·정흥준·이남신·손정순·남우근·김직수·박종식·송용한·노성철·최혜인, 「민간부문 비정규직 인권상황 실태조사: 특수형태근로종사자를 중심으로(2015년 국가인권위원회 용역보고서)」, 한국비정규직노동센터, 2015.

적으로 모집, 판매, 배달, 운송 등의 업무를 통해 고객을 찾거나 맞이하여 상품이나 서비스를 제공하고 그 일을 한 만큼 소득을 얻는 근무 형태"라고 정의했다. 종속적 자영업자가 학자마다 다양한 분류 기준으로 논의되는 현실은 국내 공식 통계자료들의 한계를 여실히 반영하는 결과다.[*]

종속적 자영업자에 대한 체계적인 식별 시도는 주로 유럽의 공식조사에서 찾아볼 수 있다. 대표적인 예로 유럽집행위원회가 매년 조사 및 발표하는 유로스타트 통계LFS, Eurostat Labour Force Survey의 2017년 자영업자 부가조사를 들 수 있다. 이 조사는 종속적 자영업자가 '경제적으로' 종속되어 있다는 점에 주목한다. 경제적으로 종속된 자영업자EDSE, Economically Dependent Self-Employed는 ①고객이 1명이거나 소득의 75% 이상이 1명의 고객에게서 발생하고 ②근무시간이 주로 고객에 의해 결정되는 경우로 식별된다. 이 조사는 '종속성' 개념을 체계적으로 제시했다는 점에서 의의가 있다. 하지만 통계청의 종속적 자영업자 정의 중 하나인 "근로시간은 독자적으로 결정"한다는 점과 차이가 있어서,

---

[*] 분류상의 체계적 시도가 이루어진 연구는 서정희·박경하의 연구이다. 논문은 한국 노동패널을 통해 먼저 종사상 지위 고용주/자영업자를 추린 뒤 ①독립적인 형태로 생산 및 판매를 하지 않거나 ②도급계약, 지입계약, 영업계약 등의 계약을 하거나 ③계약 업체로부터 업무지시를 받거나 ④하나의 업체와만 계약하는 경우를 종속적 자영업자로 정의한다. 후술하겠지만 이와 같은 시도는 이후의 국제적 시도와도 상통하는 '체계적 분류'로 평가할 수 있다. 그러나 이 방식도 한계가 있는 것이, 한국노동패널은 "자기 사업장이 없다"고 응답한 자영업자에게는 이후의 취업방식에 대한 추가 질문이 이어지지만 "자기 사업장이 있다"고 응답한 자영업자에게는 더이상의 추가 질문이 이어지지 않기 때문이다. 이로 인해 과소추정의 가능성이 한계로 지목된다. 서정희·박경하, 「한국의 가짜 자영업 추정을 통해서 본 비정규 근로자 규모의 오류」, 『한국사회정책』, 2016, 23(3), 49-77.

한국에 적용할 때에는 또다른 논쟁의 여지가 있다.

최근 나와 제자들이 함께 진행한 연구는 윌리엄과 호로드 닉[6]이 유럽근로환경조사를 사용하여 시도한 방법을 한국에 그대로 적용해볼 수 있겠다는 생각에서 출발했다.** 이들의 방법은 고용주가 없는 자영업자를 '순수 자영업자'와 '종속적 자영업자'로 구분하는 독특한 접근법을 사용한다. 이들은 ①주된 고객이 2명 이상인지 ②필요시 누군가를 고용할 권한이 있는지 ③사업 운영의 중요한 결정을 직접 내릴 수 있는지 이 세 가지 기준 중 두 가지 이상을 충족하면 순수 자영업자로, 그렇지 않으면 종속적 자영업자로 분류한다. 이 방법은 자영업자의 실질적인 독립성과 자율성을 평가하는 데 초점을 맞추고 있다. 이들의 방법을 활용한 연구[7]에서 우리는 유럽과 한국의 종속적 자영업자 규모를 직접 비교해보았다. 그 결과 2020년 한국의 종속적 자영업자 비율은 5.0% 수준으로 나타났고, 여기에 통계청이 같은 해에 발표한 특수형태근로종사자 비율인 4.1%를 더하면 9.1%까지 올라갔다. 이 연구 결과는 한국에서도 종속적 자영업자가 상당한 규모로 존재한다는 사실을 보여준다. 즉 특수형태근로종사자까지 포함한다면, 전체 취업자의 약 10%에 가까운 인구가 이에 해당하는 것이다. 이는 한국 노동시장에서 종속적 자영업자의 문제가 결코 간과할 수 없는 중요한 과제임을 보여준다.

하지만 대부분의 국가에서 종속적 자영업자는 고용주가 있는

** 한국근로환경조사KWCS, Korean Working Condition Survey는 유럽근로환경조사를 벤치마킹하여 구성된 조사로, 유럽근로환경조사와 약간의 시차는 있지만 3년마다 한 번씩 실시된다.

근로자가 아니라 자영업으로 분류되기 때문에, 노동법과 사회적 보호의 사각지대, 법적 회색 지대에 놓여 있다. 순수 자영업자도 임금근로자도 아닌 종속적 자영업자가 어떻게 기존의 사회보장 제도에서 배제되는지, 사회적 보호제도*가 오히려 어떻게 계층화와 불안정성 확대에 기여하는지에 대해 계속해서 연구를 진행했다.

플랫폼노동의 등장과 확산

2000년대 후반 이후부터 모호한 형태로 일하는 노동자가 급증하고 있다. 이는 기술 발전과 함께 디지털 자본주의가 확산되면서, 디지털플랫폼 중심의 새로운 작업 방식이 부상했기 때문이다. 디지털플랫폼은 지식, 정보, 통신 기술의 발전을 바탕으로 노동과 상품이 거래되는 새로운 경제 활동의 장이다. 플랫폼노동은 이러한 온라인 디지털플랫폼에서 특정 서비스를 제공하거나 소비자와 공급자 간의 중개를 담당하는 형태로 이뤄진다. 우리가 주목해야 할 변화는 기술 발전을 활용한 다양한 플랫폼기업의 활황과 이들이 주축이 된 플랫폼노동**의 등장이다.

플랫폼노동의 확대 현상을 설명하는 대표적인 논의는 플랫폼 자본주의론이다.[8] 이 이론에 따르면, 1990년대 금융투자가 인터

---

* 여기서 보호제도란 노동법, 사회보장법, 작업환경에 관한 법, 노조법, 최저임금과 노동시간 규제, 교육과 숙련 제도 등으로 다양하게 구성된다.

** 이 노동 형태는 '온라인 노동' '긱노동' '앱 기반 노동' 등 다양한 이름으로 불리고 있다.

넷산업의 버블을 추동하고, 2000년대에 기술혁명이 본격화되면서 자본주의가 장기침체 국면에서 벗어나 경제성장과 활력을 유지하기 위해 데이터 활용에 의존하게 되었다. 플랫폼 기술을 통해 방대한 데이터 추출과 통제가 가능해지면서, 노동력보다 빅데이터가 이윤 창출의 핵심으로 등장하는 플랫폼 자본주의로의 전환이 진행되었다는 것이다. 이 과정에서 기업의 비즈니스 모델은 노동력을 활용해왔던 전통적 산업사회 모델에서 빅데이터 구축을 통한 플랫폼 비즈니스 모델로 전환되었다.

그러나 이러한 변화가 과연 노동자들에게는 기회일까, 아니면 위기일까? 플랫폼노동은 기존 노동과는 전혀 다른 방식으로 이루어진다. 디지털플랫폼을 통해 노동자들은 일시적인 프로젝트나 단기 작업을 수행하고, 그 노무를 시장에 팔고 거래한다. 이는 불안정하고 불확실한 노동환경을 조성한다. 디지털 기술의 발전은 이런 상황을 더욱 심화시키고 있다. 인터넷을 통해 국경을 넘어 언제 어디서든 일할 수 있게 된 환경에서 노동의 거래 방식이 크게 바뀌면서, 노동자들은 권리를 보호받지 못한 채 더욱 취약해졌다.

플랫폼이라는 가상공간으로 소환된 노동력 제공자들은 정규직은 안정된 노동이고 비정규직은 불안정한 노동이라는 이분법적 구분을 넘어 '직업'과 '일자리'을 둘러싼 기존의 경계 자체가 액화되는 모습을 목격한다. 플랫폼노동의 계약 관계, 작업 지시 방법, 숙련과 기술 습득 방식, 노동에 대한 보상과 통제 방식 등이 전통적인 노동과는 크게 달라진 것이다. 또한 휴식과 일, 생산적인 시간과 비생산적인 시간, 작업 공간과 개인 공간 사이의 경계가 점차 모호해졌다.

플랫폼노동은 임노동 계약 관계가 불안정한 비정규직 고용과는 다르게, 다수 평가자에 의한 별점과 알고리즘에 의한 정교한 통제를 통해 고용 관계의 모호성을 극대화하였다. 무엇보다 플랫폼노동은 노동자의 지위 및 정체성이 희석되는 특징을 보여준다. 내가 연구를 위해 인터뷰했던 한 플랫폼기업의 매니저는 기업 앱을 활용한 배달 라이더들을 노동자가 아닌 '고객'이라고 불렀다. 이는 플랫폼노동에서 노동자의 위상이 얼마나 모호해졌는지를 단적으로 보여주는 사례다.

하지만 '고객'들은 플랫폼에 더욱 의존적일 수밖에 없다. 일감이 작은 단위로 세분화되어 다수의 노동자에게 분배되면서 이러한 원자화로 인해 플랫폼노동자들은 낮은 노동의 대가를 받게 되고 더 많은 일자리를 찾기 위해 플랫폼에 상시 접속해야 한다. 그러나 정작 일을 수행하는 과정에서 발생하는 안전 문제나 기름값, 통신비 등 각종 비용에 대한 부담은 고스란히 노동자 개인에게 전가된다.

기술 발전은 사회 발전과 생산성 증가에 크게 기여했지만, 이러한 변화는 새로운 노동 패턴을 만들어내며 노동자를 보호할 여러 법 제도와의 간극을 초래하였다. 그 간극으로 미끄러진 노동자는 불안정성에 그대로 노출되는 것이다.

액화노동이 불안정노동이 되는 과정

우리는 미래를 예측하고 통제하기 어려울 때 불확실성을 느낀다. 이러한 불확실성은 노동 시장의 불안정성과 밀접한 관련이 있다. 정해진 직장에서 임금을 받고, 경험과 숙련을 쌓으며 기술을 배우고, 생애주기에 따라 임금이 올라가거나 재산이 축적될 것이라는 예측, 또한 미래에 대한 계획과 대비가 과거에 비해 어려워졌다.

사회는 어느 정도 예측 가능한 사회적 위험을 공동으로 해결하기 위해 다양한 복지제도를 마련해왔다. 출산과 육아로 인한 직장생활의 어려움, 실업으로 인한 소득 감소, 노년기 소득단절과 돌봄 공백 등은 누구나 경험할 수 있는 위험이며, 이에 대응하여 노동자가 소득활동이 어려워질 때 사회가 함께 위험에 대처할 수 있도록 제도들을 고안했다. 가늠할 수 있는 사회적 위험 social risk에 기반하여 사회정책을 설계하고 공동으로 위험관리를 해온 것이다. 이 과정에서 '노동자' 또는 '근로자'의 개념이 중요한 역할을 했다. 산업화 시기에 표준적 고용 관계의 임금근로자가 확대되면서, 이들이 경험할 수 있는 사회적 위험에 대응하는 생애주기별 복지정책들이 설계되었기 때문이다. 그러나 새로운 형태로 일하는 노동자들은 사회적 위험에 이미 노출되어 있는데도 '근로자'로 인정받지 못하는 경우가 많다.

액화노동에서는 일자리가 아니라 일감 단위로 계약이 이루어지면서 노동자들은 협상력이 약화되고, 소득의 불안정성은 심화되는 상황에 직면해 있다. 하지만 이들은 근로자로 인정받지 못할 가능성이 크고, 노동 관련 법의 보호를 받기 어렵다. 현행 근로기준법과 노동조합법 등 노동 관련 법 제도들은 임노동 계약 관계에 있는 근로자만을 보호 대상으로 특정하기 때문에, 근로자성이 모호하다고 여겨진 액화노동 종사자들은 이들 법의 사각지대에 놓여 있다. 또한 이들은 사회보장에서도 제도적으로나 실질적으로 제외되는 경우가 많다. 기존의 사회보험 등이 주로 임금근로자를 보호하기 위한 목적으로 설계되었기 때문이다.

불안정성은 '은밀한 통제' 속에서 강화되기도 한다. 보이지 않더라도 실질적 통제와 종속성이 액화노동에서 전형적으로 관찰된다. 특히 프리랜서, 웹툰 작가, 1인 자영업자나 다양한 형태의 플랫폼노동의 경우, 법적으로는 근로자가 아닌 상법상의 계약 관계로 인해 자율성을 가지고 사업을 수행하는 주체로 간주되는 경우가 많다. 하지만 실질적으로는 위장된 고용 관계, 다자간 고용관계로 인한 종속성과 통제가 지배적이다.

예를 들어 웹툰 작가는 작품 내용, 연재 일정, 분량 등을 플랫폼의 요구에 따라 조정해야 하는 상황이 빈번하다. 플랫폼은 인기 순위나 노출 빈도를 조절하여 작가들의 수입과 인지도를 직접적으로 좌우할 수 있으며, 계약 조건도 플랫폼 측에서 일방적으로 제시하는 경우가 많다. 표면적으로 자유롭게 창작 활동을 하는 것처럼 보이지만, 이들은 실상 플랫폼의 정책과 알고리즘에 종속되어 있다.

배달 플랫폼노동자들 또한 업무 시간을 자유롭게 선택하고 독립적으로 일하는 것처럼 보이지만, 실제로는 플랫폼이 제공하는 배차 시스템과 평점 제도에 큰 영향을 받는다. 배달 할당이 플랫폼이 설정한 알고리즘에 좌우되기 때문에 노동자들은 플랫폼의 지침을 따를 수밖에 없다. 또한 인센티브 구조나 패널티 제도로 인해 특정 시간대나 지역에서 일을 강제당하는 경우도 있다. 이처럼 플랫폼이 제공하는 시스템 속에 업무방식과 수입이 통제되는 플랫폼노동자들에게 자유는 '허구적 자율성'에 가깝다.

제도가 노동자의 기본적인 권리를 보장하는 데 실패한다면, 노동시장에서 힘의 불균형은 더욱 커질 것이다. 여기에 플랫폼기업의 정보 독점과 거래 과정에서의 권력 불균형까지 더해진다면, 플랫폼노동자들은 더욱 종속되고 통제될 수밖에 없다. 파편화되고 원자화된 노동자들은 소득 불안정에 시달릴 뿐만 아니라, 단결하여 협상력을 발휘하기도 점점 어려워진다.

모든 일하는 사람과 노동자가 기본적인 권리를 보호받을 수 있는 사회를 구현하기 위해 우리에게는 보다 더 진화된 노동법과 사회보장제도, 분배제도의 마련, 새로운 형태로 일하는 노동자의 권리 강화, 그리고 기술 발전에 따라 확대되는 비대칭적 정보 독점 해소 등이 필요하다.

탈상품화, 액화노동에도 적용되고 있는가?

앞서 언급했듯이 사회보장제도를 비롯한 법 제도는 자본주의 시장경제 체제하에서 개인의 존엄성을 보장하고, 누구나 평등하게 기본적인 삶을 누릴 수 있도록 하는 복지국가의 핵심 요소다. 사회안전망은 빈곤율을 낮추고 개인과 가구의 소득 수준을 보장하는 역할을 한다. 그러나 무엇보다 중요한 제1의 목적은 상품화를 조절하는 것이다. 노동자가 상품으로만 취급되지 않고 존엄성을 유지하게 할 뿐만 아니라, 삶을 영위하는 데 필요한 많은 것들의 상품화에 대한 규칙도 정하는 것이다. 인간이 시장에서 마치 상품처럼 사고 팔리다가 쓸모가 없어지면 버려지는 대상이 아니라, 인간다운 삶을 살 수 있도록, 즉 노동주권을 보장하기 위해 제도적 보호를 조합해 발전시켜온 것이다.

그동안의 불안정노동과 사회정책에 대한 연구를 통해, 나는 노동자의 협상력과 노동주권을 보장하는 제도적 보호들이 형해화된 액화노동을 과연 포괄하는지, 궁극적으로 노동을 탈상품화하는 데 어떻게 실패하고 있는지 구체적으로 조사해보았다. 탈상품화란 노동시장과 시장 소득에 대한 의존도를 낮추는 것으로, 어떤 상황에서도 노동자가 인간적 존엄과 생계를 유지할 수 있도록 최소한의 사회적 안전망을 제공하는 것을 의미한다. 이러한 탈상품화는 액화노동에도 일관되게 적용되어야 한다. 노동자가 노동시장에서 일시적으로 이탈하거나 휴식을 취해야 할 경우, 적절한 사회보장제도를 통해 생활을 이어갈 수 있어야 한다는 것이다. 그러나 현실에서는 액화노동자들이 이러한 탈상품화를 누리지 못하고, 오히려 시장에 종속성이 강화되는 경향이 있다. 인간의 노동력은 상품으로만 취급받고, 노동자는 사회적 보호에서 배제되어 불안정성이 심화되는 것이다. 액화노동과 기존의 제도적 보호가 부정합한 공간에서 노동의 불안정성은 어떻게 나타나는가?

연구 결과 노동의 탈상품화를 위한 제도들이 여전히 표준적 고용 관계에 집중되어, 액화노동과 부정합한다는 점이 드러났다. 오늘날의 자본주의는 산업자본주의에서 신자유주의의 금융자본주의를 거쳐 디지털 자본주의라는 새로운 형태로 진화하며 노동의 모습을 형해화하지만, 우리가 '변함없이' 주목해야 할 것은 노동에 대한 제도적 보호 조합이 노동의 탈상품화를 이루어내고 있는가의 여부이다.

현재 한국 노동시장은 확대중인 새로운 형태의 일에서 관찰되는 문제들과 비정규직 문제같이 오랫동안 지속되어온 문제들이 중첩되어 있다. 즉 일의 작동방식과 형태가 표준적 '고용 관계'에서 이탈했을 뿐 아니라 기존의 표준과 달라지고 있는 것이다. 이러한 일의 형태가 가진 문제는 비정규직 문제와도 일맥상통한다. 따라서 비정규직 문제와 액화노동의 문제들을 종합적이고 통합적인 관점에서 바라볼 필요가 있다.

복지제도와 액화노동의 불일치, 그리고 정책 표류

그렇다면 한국은 복지국가의 압축적인 제도적 발전을 이루어 왔는데도 왜 불안정노동자들을 충분히 보호하지 못하는지에 대한 의문이 제기된다. 복지제도와 액화노동 간의 불일치가 어떻게 발생하는지 설명하는 데에는 제도주의 이론의 '정책 표류policy drift'라는 개념이 유용하다.

한국의 사회보험제도는 1960년대에 도입된 사회보장법에 뿌리를 두고 있다. 1960년 제정된 공무원연금법, 1964년 시행된 산업재해보상보험법, 1977년 시행된 직장의료보험제도 등의 법은 처음에는 정규직 근로자에게만 적용되었다. 마찬가지로 1973년에 제정된 국민연금법도 1988년 정규직 근로자에게 처음 적용되었다. 고용보험법은 1995년에 시행되어 처음에는 대기업 근로자를 대상으로 적용했으나 지속적으로 확대되어 현재는 소규모 사업장 근로자까지 적용된다. 그러나 복지국가의 급속한 제도적 발전에도 불구하고 정규직, 비정규직, 자영업자 간 사회보험 가입률 격차는 여전히 상당하다. 이는 노동자를 위한 사회보호제도를 비롯한 기타 법적 보호장치가 제도적 측면과 실질적 측면에서 제대로 작동하지 못하고 있음을 보여준다.

노동의 모습이 변하고 있지만 기존 제도는 새로운 노동시장의 상황에 맞게 조정되지 못했고, 그 결과 일종의 '정책 표류'가 발생했다. 정책이나 제도가 개혁되지 않아 변화하는 외부 환경에 대응하지 못하면서 사회보장제도의 목표 달성 기능이 약화되는 것이다. 한국의 복지국가는 표준적 고용 관계에 있는 노동자를 보호하는 것을 전제로 구축되었지만, 오늘날 제도적 불일치 수준이 높은 사각지대를 만들었다. 즉 산업화 시대에 설계된 제도적 조합과 선진국의 사회민주주의 복지국가 모델은 21세기 디지털 경제를 여전히 지배하고 있지만, 현실에서 불안정한 고용 관계에 있는 노동자를 보호하는 데는 한계가 있다.

한국 복지국가의 '정책 표류'는 승자와 패자를 만들어낸다. 여기서 말하는 승자란 현재의 구조에서 이익을 얻는 집단이고, 패자란 손해를 보는 집단이다. 패자 집단은 두 가지로 나뉘는데 첫 번째 패자 집단은 기존의 사회보호제도가 충분히 제 기능을 하지 못하면서 불이익을 받게 되는 집단으로, 기존 사회보장제도의 지지자들로 구성된다. 이들은 구舊패자 집단으로, 표준적 고용 관계에 있는 노동자이며 전통적 노조로 대변될 수 있다. 노동조합은 표준 형태의 노동자를 대변하며, 이러한 구패자 집단은 효과

액화노동의 시대, 연대 가능한 집단들

	낮은 수준의 액화노동	높은 수준의 액화노동
낮은 수준의 제도적 정합성	신新패자 집단	서서히 모습을 드러내는 패자 집단
높은 수준의 제도적 정합성	구舊패자 집단	승자 집단

적으로 제도 부정합에 저항하지 않으면 역시 소멸의 위험에 노출될 수밖에 없다. 또다른 패자 그룹에는 액화노동과 제도적 불일치를 경험하는 노동자(표에서 진한 노란색 칸에 속한 사람들)가 포함된다. 이 '신新패자 집단'은 제도적 보호, 정치적 대표성, 권력의 부재로 인해 위험에 노출되어 있다. 이 집단에는 비정규직, 비정형노동 종사자, 간접고용 노동자와 하청노동자 등이 포함된다. 마지막으로 '서서히 모습을 드러내는 패자 집단'은 높은 수준의 액화노동과 낮은 수준의 제도 정합성을 보여주는 집단이다. 프리랜서, 플랫폼노동자 및 최근에 나타나는 새로운 형태의 기타 비정형노동 종사자가 여기에 포함된다.

승자는 높은 수준의 정보통신 및 지식 기반 기술을 보유한 전문가와 기업가로, 이들은 높은 이동성을 누리며 자신의 기술을 자산과 권력으로 활용할 수 있다. 또다른 승자 그룹은 플랫폼기업 사업주 등으로, 이들은 노동자를 피고용자가 아닌 고객으로 간주하기 때문에 사회보장 기여금을 지불하거나 직업훈련에 투자할 의무가 스스로 적다고 여긴다. 적극적으로 승자가 되려고 의도하지 않더라도, 제도의 경직성에 따른 혜택을 누리는 새로운 승자 집단이다.

새로운 주체의 등장과 연대의 가능성

현재 우리는 노동의 지형이 급격히 변화하는 시기를 살아가고 있다. 기술 혁신과 자본주의의 진화는 노동 형태를 끊임없이 변화시키지만, 이를 보호하고 탈상품화하기 위한 제도적 장치는 과거에 머무르거나 여전히 더디게 변한다. 그 결과 수많은 노동자들이 불안정성의 늪에 빠져들고 있다. 전통적 방식으로 일하는 노동자는 여전히 기존의 사회보장제도를 포함한 법 제도의 보호를 받고 있지만 이들의 연대만으로는 한계가 있다. 액화노동의 모습과 제도 사이에서 확대되는 부정합에 저항하지 않으면 이들역시 불안정성에 노출된다. 우리가 목도하는 정책 표류 현상은 단순히 제도의 문제만은 아니다. 여기에는 변화하는 노동현장의 목소리에 귀 기울이지 않는 사회의 무관심과 무책임도 영향을 미친다.

그러나 역설적이게도, 정책 표류는 새로운 사회문제와 불안정성에 대응하여 기존의 집단을 조정하고 새로운 패자 집단을 출현시킴으로써 제도 변화를 촉진할 수도 있다. 즉 표류하는 정책이 만들어낸 패자 집단들이 연대해 새로운 정치 동학과 운동의 흐름을 만들어낼 수 있는 것이다.

연대 가능한 집단에는 다양한 부류가 포함될 수 있다. 먼저 전통적인 노동운동의 주체였던 정규직 노동자들이 있다. 이들은 과거에는 고용안정과 사회보장의 혜택을 누렸지만, 지금은 구조조정, 외주화 그리고 비정규직화의 위험을 완전히 피하기는 어렵다. 두번째로 비정규직 노동자, 파견노동자, 하청노동자 등 이미 오랫동안 불안정한 고용 상태에 놓인 이들이다. 이들은 저임금, 열악한 근로조건, 사회보험 미적용 등의 문제를 겪어왔다. 세번째로 특수고용노동자, 프리랜서, 플랫폼노동자 등 새롭게 등장한 형태의 노동에 종사하는 집단이 있다. 이들은 급격한 노동환경의 변화 속에서 기존의 제도적 보호망 밖에 놓여 있는 경우가 많다.

이처럼 다양한 패자 집단들이 서로 연대한다면, 정책 표류로 인한 불안정성에 맞서 강력한 목소리를 낼 수 있을 것이다. 예를 들어 정규직 노동자와 비정규직 노동자가 고용 형태에 따른 차별 철폐를 위해 함께 연대하거나, 전통적인 노동조합과 특수고용 노동조합이 서로의 요구를 지지하며 공동의 행동에 나설 수 있다. 또한 플랫폼노동자들이 IT업계 종사자들과 연대하여 새로운 형태의 노동운동을 모색할 수도 있다.

우리 시대의 노동은 더이상 단일한 형태로 정의할 수 없는 복잡한 양상을 띠고 있다. 이 복잡성 속에서 집단 간 경계를 넘어 불안정노동의 새로운 연대 가능성을 발견해야 한다. 나아가 노동자 간의 연대는 시민사회, 학계, 언론 등 다양한 사회 주체들과의 협력으로 확장될 수 있다. 노동문제는 비단 노동자만의 문제가 아니라 우리 사회 전체의 문제이기 때문이다. 따라서 연구자들은 잘 드러나지 않는 불안정노동의 현실을 알리고, 날카로운 문제의식과 학문적 성실성을 바탕으로 실재의 구성에 매진해야 한다.

특히 사회정책 연구자들은 다양한 노동자 집단 간의 연대가 가능하게 할 정책안을 고안해내야 한다. 관련하여 나는 노동자,

그들의 가족, 훗날 일할 그들의 자녀 등 일하는 사람 누구나 동등한 권리를 누릴 수 있도록 법 제도 개선안을 제안하거나, 사회보험의 포괄성을 높여 노동자들이 사회적 안전망에 포함되도록 소득보험으로 전환하고 새로운 사회보장세 도입 논의도 적극 확대해야 한다고 주장하기도 했다. 또한 보다 많은 노동자들에게 직업훈련 프로그램 및 평생교육을 제공하여 이들이 변화하는 노동환경에 대응하게 하자고 목소리를 내기도 했다. 이러한 정책적 노력은 우리 사회 전체가 노동 문제를 해결해나가는 데 큰 도움이 될 것이다. 거대한 변화 속에서도 지켜야 할 노동의 가치와 의미를 정립하고, 모든 이의 존엄과 권리가 존중받는 사회를 향한 청사진을 그려나가는 것, 그것이 바로 우리 시대 연구자들이 수행해야 할 과제라고 생각한다.

물론 이 여정이 순탄치만은 않을 것이다. 오랜 관행과 제도적 관성 그리고 이해관계의 충돌은 우리 앞에 놓인 커다란 과제이다. 새로운 연대의 물길이 제도개혁의 문을 언제 열어젖힐지 정확히 예측하기는 어렵다. 하지만 적어도 우리가 해야 할 일은 명확한 것이 아닐까.

"모든 일하는 사람과 노동자가 기본적인 권리를
보호받을 수 있는 사회를 구현하기 위해
우리에게는 보다 더 진화된 노동법과 사회보장제도,
분배제도의 마련, 새로운 형태로 일하는 노동자의 권리 강화,
그리고 기술 발전에 따라 확대되는
비대칭적 정보 독점 해소 등이 필요하다."

미주

1부 격랑의 노동현장, 준비되지 않은 사회

1장 시간과 돈, 모두 부족한 이중빈곤자

1. 한국노동연구원이 매년 실시하는 한국노동패널 조사에서는 그간 시간 사용에 대한 질문이 없었으나 2014년에는 특별하게 부가조사를 통해 '시간 사용과 삶의 질'을 조사했다.

2. 분석 결과는 다음 논문을 참고할 것. Tae-hwan Kim, Sophia Seung-Yoon Lee, "Double Poverty: Class, Employment Type, Gender and Time Poor Precarious Workers in the South Korean Service Economy", *Journal of Contemporary Asia*, 2023, 54(3): 412-431.

3. 문영만, 「사업체 규모별 산업재해 결정요인: 산업안전체계를 중심으로」, 『노동정책연구』, 2024. 24(3), 1-28 ; Pega, F., B. Nafradi, N. C. Momen, Y. Ujita, K. N. Streicher, A. M. Pruss-Ustun, A. Descatha, T. Driscoll, F. M. Fischer, L. Godderis, H. M. Kiiver, J. Li, L. L. M. Hanson, R. Rugulies, K. Sørensen, T. J. Woodruff, "Global, Regional, and National Burdens of Ischemic Heart Disease and Stroke Attributable to Exposure to Long Working Hours for 194 Countries, 2000~2016: A Systematic Analysis from the WHO/ILO Joint Estimates of the Work-Related Burden of Disease and Injury", *Environment International*, 2021, 154: 1~15.

4. Eurofound, *Working time in 2021–2022*, Luxembourg: Publications Office of the European Union, 2023.

2장 새벽노동, 퇴행적 혁신

1. 한국데이터산업진흥원, 『2020년 데이터산업 백서』, 2020, 23.
2. 이정희 외, 『서비스업 야간노동』, 세종: 한국노동연구원, 2019.
3. https://www.iprovest.com/weblogic/RSReportServlet?mode=detail&menu-Code=9&scr_id=32&sno=2047718&pageNum=1&rno=26&DT1=&DT2=&s-rch_db=0&provestz=&newsGubun, 최종 접속 2024. 10. 9 ; https://www.korcham.net/nCham/Service/Economy/appl/KcciReportDetail.asp?SEQ_NO_C010=20120939079&CHAM_CD=B001, 최종 접속 2024. 10. 9.
4. 김태환·이승윤·박종식, 「새벽 배달의 그림자: 새벽 배달노동자의 불안정성과 제도개선의 방향」, 『노동정책연구』, 2022, 22(1): 1-31.
5. 오진호·우수한, 「E-비즈니스 Fulfillment 모델의 진화: 국내 E-비즈니스 기업들을 중심으로」, 『e-비즈니스 연구』, 2016, 17(3): 27-49 ; 한국교통연구원, 「미래 스마트 융복합 물류 기술개발 사업기획최종보고서」, 국토교통부, 2020.
6. 김은정, 「혁신을 가장한 불공정, 쿠팡의 사회적 책임을 촉구한다」, 『복지동향』, 2021, 274: 41-46 ; 전주희, 「쿠팡이 쏘아올린 '로켓배송'과 노동자의 죽음」, 『비정규노동』, 2021, 148: 63-68.
7. 오선희, 「'안전한 일터 쿠팡' 만들려면 ①—여름엔 찜통, 겨울엔 냉골……누군가 죽어야 움직일 건가」, 매일노동뉴스, 2021. 8. 10, https://www.labortoday. co.kr/news/articleView.html?idxno=204348, 최종접속 2024. 8. 24.
8. 정성용, 「'안전한 일터 쿠팡' 만들려면 ③—재계약 걱정 없이 일하고 싶어요」, 매일노동뉴스, 2021. 8. 19, https://www.labortoday.co.kr/news/arti-cleView.html?idxno=204498, 최종접속 2024. 8. 24.
9. 전주희, 위 글.
10. Cheshire, P., Hilber, C. & Kaplanis, I., "Land Use Regulation and Productivity-Land Matters: Evidence from a UK Supermarket Chain", *Urban Economics & Regional Studies Journal*, 2015, 15(1): 43-73.

11. Karsten, L., Kamphuis, A. & Remeijnse, C., "'Time-out' with the Family: the Shaping of Family Leisure in the New Urban Consumption Spaces of Cafes, Bars and Restaurants", *Leisure Studies*, 2015, 34(2): 166-181.

12. Wirtz, A., Nachreiner, F. & Rolfes, K. M., "Working on Sundays-Effects on Safety, Health, and Work-life Balance", *Chronobiology International*, 2011, 28(4): 361-370.

13. 다만, 2010년을 기점으로 유럽 일부 국가에서는 관광 목적으로 대형 마트 외 소매점 영업 규제를 해제한 사례도 발견되고 있어 이에 따른 변화를 주의깊게 살펴볼 필요가 있다.

3장 산재사고 이후, 남겨진 사람들

1. 「2023년 12월 말 산업재해현황」, 고용노동부 산업안전보건본부(승인번호 제118006호), 2024.

2. 문영만, 위 논문.

3. https://www.labortoday.co.kr/news/articleView.html?idxno=143752, 최종 접속 2024. 10. 15.

4. 이후 박미숙 씨는 『마지막 일터, 쿠팡을 해지합니다』(박미숙 외, 민중의소리, 2022)라는 책을 통해 쿠팡의 구조적 문제와 아들 장덕준 씨의 죽음에 대해 목소리를 냈다.

4장 화물연대 파업과 '가짜 자영업자'

1. ILO·OECD, "Ensuring Better Social Protection for Self-employed Workers", Paper for the 2nd Meeting of the G20 Employment Working Group, European Commission, 2020 ; European Commission, "Analytical Report 2018 Social Security Coordination and Non-standard Forms of Employment and Self-employment: Interrelation, Challenges and Prospects", Luxembourg: Publications Office of the European Union, 2020.

2. 백승호·이승윤·김태환, 「비표준적 형태의 일과 사회보장개혁의 남아 있는 과제들」『사회보장연구』, 2021, 37(2): 139-176.

3. 김진선, 「자영업자에 대한 고용보험 적용 경과 및 향후과제(국회입법조사처

NARS 현안분석)」, 국회입법조사처, 2020.

4. 서정희·백승호, 「제4차 산업혁명 시대의 사회보장 개혁: 플랫폼노동에서
   의 사용종속관계와 기본소득」, 『법과사회』, 2017, 56: 113-152 ; 김소영,
   「디지털플랫폼에 의한 긱노동(gig work) 종사자의 노동법적 문제와 개선방
   안」, 『과학기술법연구』, 2020, 26(2): 59-96 ; 이호근, 「플랫폼노동 등 고
   용형태의 다양화와 사회보장법 개선방안에 대한 연구」, 『산업노동연구』,
   2020, 26(1): 49-112 ; 정찬영·이승길, 「플랫폼노동 종사자의 노동법적 쟁
   점과 보호방안」, 『아주법학』, 2020, 14(1): 120-151.

5. OECD, "Pension at a Glance 2021: OECD and G20 Indicators", 2021.

2부 노동자가 쓰러진다, 어제도 오늘도 내일도

5장 아프니까 가난이다

1. 송은철·신영전, 「과부담 의료비 지출이 빈곤화 및 빈곤지속에 미치는 영
   향」, 『예방의학회지』, 2010, 43(5): 423-435 ; 김은경·권순만, 「재난적 의
   료비 발생과 재발생이 빈곤화와 빈곤지속에 미치는 영향」, 『보건행정학회
   지』, 2016, 26(3): 172-184.

2. 이 연구는 다음 논문으로 발표되었다. 이승윤·김기태, 「아픈 노동자는 왜
   가난해지는가?: 아픈 노동자의 빈곤화 과정과 소득보장제의 경험」, 『한국
   사회정책』, 2017, 24(4): 113-150.

3. 한국고용정보원, 『2013 고용보험통계연보』, 2014.

4. 고용보험법 제58조 및 고용보험법 시행규칙 제101조.

5. 통계청, 「경제활동인구조사 근로 형태별 부가조사」, 2023.

6. 「아파서 쉬면 하루 4만3,960원…… 6개 지역서 '상병수당' 시범사업 시
   작」, 보건복지부, 2022. 7. 4, https://www.korea.kr/news/policyNewsView.
   do?newsId=148903112, 최종접속 2024. 8. 24.

7. 보건복지부 보도자료, 「상병수당 2단계 시범사업 추진」, 2023. 1. 30.

8. 보건복지부 보도자료, 「상병수당 3단계 시범사업 지역 선정 공모 안내」,
   2024. 1. 31.

6장 공업도시 울산으로

1. 당시 한겨레 황예랑·이완 기자, 경향신문 김지환 기자의 취재는 연구의 밑그림을 그리는 데 큰 도움이 되었다. 황예랑, 「용접 불꽃 식은 조선소……부도·해고 '칼바람'」, 한겨레, 2010. 2. 25 ; 이완, 「구멍 뚫린 조선업 욕심이 빚은 대참사」, 한겨레21, 2015. 12. 8 ; 김지환, 「열심히 일한 죄-조선·해운 6대 도시 '하청의 비명'—"바쁠 땐 쓰고 쉽게 해고…… '1회용 물량팀'으로 조선업 고속 성장"」, 경향신문, 2016. 5. 30 ; 김지환, 「조선·해운 구조조정 계획—정부 "조선업 실직자 내년까지 최대 6만 명" 이달 특별고용지원 업종 지정 4,700억 투입」, 경향신문, 2016. 6. 9.

2. 김용진 외, 「현대중공업 중대재해는 왜 반복되는가?」, US저널, 2022. 5. 23, https://m.usjournal.kr/news/newsview.php?ncode=10655671263636 55, 최종 접속 2024. 10. 9.

3. 이 장의 연구 결과는 다음 논문에서 구체적으로 확인할 수 있다. 이승윤·김은지·박고은, 「한국 사회안전망 밖의 하청노동자: 울산지역 조선업 하청노동자 사례를 중심으로」, 『사회복지정책』, 2017, 44(2): 111-144.

4. 고용보험법 제1조(목적). "이 법은 고용보험의 시행을 통하여 실업의 예방, 고용의 촉진 및 근로자 등의 직업능력의 개발과 향상을 꾀하고, 국가의 직업지도와 직업소개 기능을 강화하며, 근로자 등이 실업한 경우에 생활에 필요한 급여를 실시하여 근로자 등의 생활안정과 구직 활동을 촉진함으로써 경제·사회 발전에 이바지하는 것을 목적으로 한다." <개정 2021. 1. 5.>.

5. 고용노동부, 「고용형태별 근로 실태조사(2022)」 중 '고용형태별 사회보험 가입률, 상여금·퇴직(연)금 적용(가입)률, 노조가입률', 2024. 2. 24.

7장 해고, 추락의 시작

1. 이승윤·김승섭, 「쌍용자동차 정리해고와 미끄럼틀 한국사회」, 『한국사회정책』, 2015, 22(4): 73-96.

2. 권지영, 「당신의 어려움을 '와락' 껴안는 와락센터의 기적: 평택 쌍용자동차 실직가족 심리치유센터 '와락' 센터 건립사례」, 『로컬리티 인문학』, 2012, 8: 211-234.

3. 이지혜, 「쌍용차 해고자 119명 전원 '평택 공장'으로 돌아온다」, 한겨레, 2018. 9. 14.

4. 정이환, 「비정규고용 시대의 노동계급형성과 대안적 복지모델」, 『경제와사회』, 2013, 99: 351-356 ; 백승호, 「서비스경제와 한국사회의 계급, 그리고 불안정노동 분석」, 『한국사회정책』, 2014, 21(2): 57-90 ; Doeringer, P. & Piore, M., *Internal Labor Markets and Manpower Analysis*, M. A.: Harvard University, 1971.

5. Emmenegger. P., Häusermann. S., Palier. B. & Seelieb-Kaiser. M. (eds.), *The Age of Dualization: The Changing Face of Inequality in Deindustrializing Societies*, Oxford·New York: Oxford University Press, 2012 ; 이승윤· 백승호·김윤영, 「한국 이중노동시장과 노후소득보장제도의 이중화: 공적연금개혁안 시뮬레이션 분석」, 『비판사회정책』, 2019, 63: 193-232.

6. OECD, *Benefit Reforms for Inclusive Societies in Korea: Income Security during Joblessness*, Paris: OECD Publishing, 2023.

7. 구체적인 내용은 프랑스 실업보험 공식 사이트(https://www.cleiss.fr/)를 참고.

8장 아이들이 먹는 밥이 누군가의 삶을 담보로 한다면

1. 김태홍·김영옥·양승주·문유경, 「여성의 취업실태조사」, 『한국여성개발원 연구보고서』, 한국여성개발원, 1992, 20: 46-103.

2. 통계청의 종사상 지위별 취업자 자료를 바탕으로 임금근로자 대비 임시직과 일용직 비중의 추이를 확인할 수 있다.

3. 김원정·임연규, 「코로나19를 계기로 돌아본 돌봄노동의 현주소: 2008~2019 돌봄노동자 규모와 임금 변화를 중심으로」, 『KWDI Brief』, 한국여성정책연구원, 2020, 57: 1-11.

3부 청년노동, 누가 무엇을 말하는가?

9장 청년과 'MZ' 사이

1. 청년유니온 보도자료, 「청년이 있는 청년기본법 제정을 위한 청년단체 공동 기자회견」, 2017. 9. 21.

2. 법제처, 「청년기본법」(https://www.law.go.kr/법령/청년기본법), 최종접속

2024. 8. 24.

3. 국무조정실 보도자료, 「'청년기본법' 제정, 청년 스스로 삶을 바꿀 계기 마련」, 2020. 1. 9.

4. 이에 대해서는 EU 집행위원회에서 더 구체적인 정보를 확인할 수 있다. https://ec.europa.eu/social/main.jsp?catId=1079&langId=en, 최종접속 2024. 8. 24.

5. 청년포털 청년정책조정위원회 구성체계, https://2030.go.kr/etc/ythRe-sume, 최종접속 2023. 8. 30.

10장 매우 불안정한 삶 vs. 불안정하지 않은 삶

1. Standing. G., *The Precariat: the New Dangerous Class*, London: Bloomsbury Academic, 2011.

2. 박세정·김안정, 「최근 장기실업자 현황 분석」, 『고용동향브리프』, 2016, 10: 19-35.

3. 통계청, 「2022년 5월 경제활동인구조사 청년층 부가조사 결과」 참고, 2022.

4. 위 자료.

5. 통계청, 「2018년 5월 경제활동인구조사 청년층 부가조사 결과」 참고, 2018.

6. 김유선, 「비정규직 규모와 실태: 통계청 '경제활동인구조사 부가조사'(2015. 8) 결과」, 『노동사회』, 2015, 186: 72-110.

7. 이승윤·백승호, 「청년세대 내 불안정성은 계층화되는가?: 청년불안정노동의 유형과 세대 내 격차 결정요인」, 『한국노동패널 학술대회 발표집』, 2021.

11장 청년 담론에서 '계급'이 지워질 때

1. 박성준·김지원·이승윤, 「한국 청년노동시장 계층화의 윤곽: 숙련기반–직업계층 간 이동의 유형들과 영향요인」, 『사회보장연구』, 2022, 38(4), 37-69.

2. 이승윤·박성준·김지원·박영채, 「디지털 전환기 한국 청년노동시장의 계층화: 직업적 숙련궤적을 중심으로」, 『경제와사회』, 2023, 138: 101-132.

3. 박영채·이승윤, 「주관적 인식을 반영한 한국 청년의 불안정노동 분석: 헤

도닉 가중치를 활용하여」, 『사회복지정책』, 2023, 50(3), 31-59.

4. Sophia Seung-Yoon Lee, Jaewook Nahm, "From Segmentalist to Liberal Skill Formation System: A Comparative Analysis of Labour Market Activation Policies in Japan and South Korea", *Journal of International and Comparative Social Policy*, 2024, 1-15, doi:10.1017/ics.2024.6, 최종접속 2024. 8. 24.

5. Sophia Seung-yoon Lee, Seung-ho Baek, "Beyond the Precariat: Trajectories of Precarious Work and its Determinants in South Korea", *International Journal of Social Welfare*, 2024, https://doi.org/10.1111/ijsw.12694, 최종접속 2024. 8. 24.

12장 '시그니처 정책'이라는 주문

1. 관계부처 합동, 「제1차 청년정책 기본계획 '21~'25」, 2020. 12.

4부 경계에서의 고민

13장 학자는 왜 무지한가

1. 장폴 사르트르, 『지식인을 위한 변명』, 박정태 옮김, 이학사, 2007.

2. Churchill, B., Ravn, S. & Craig, L., "Gendered and Generational Inequalities in the Gig Economy Era", *Journal of Sociology*, 2019 ; Allmang, S. & Franke, T., "'Just a Job?' An Assessment of Precarious Employment Trajectories by Gender among Young People in the U.S", *Advances in Social Work*, 2020, 20: 152-171.

3. 고용노동부, 「고용형태별근로실태조사」 중 '고용형태별 사회보험가입률'과 '전체근로자 건강보험 가입률', 2020.

4. 통계청, 「2022년 8월 경제활동인구조사 근로형태별 부가조사 결과」, 2022.

14장 한국에서 여성 연구자로 산다는 것

1. 이 주제를 연구하는 과정에서 오스트레일리아를 포함해 여러 국가의 여성

학자들과 회의를 진행하며 상당한 연대의 힘을 느끼기도 했다. 구체적인 연구 결과는 다음 논문을 참고할 것. Sophia Seung-yoon Lee, Yuwhi Kim, "Female Outsiders in South Korea's Dual Labour Market: Challenges of Equal Pay for Work of Equal Value", *Journal of Industrial Relations*, 2020, 62(4): 651–678.

2. Winslow, S. E. & Davis, S., "Gender Inequality across the Academic Life Course", *Sociology Compass*, 2016, 10(5): 404-416. 이 연구는 학술 데이터 베이스인 웹오브사이언스Web of Science의 데이터를 이용해 1955~2010년 150만 명 이상 저자들의 전체 연구물 출간 경력을 재구성했다. 일본·중국·한국·싱가포르 등이 83개국에 포함되지 않은 것이 연구 한계 중 하나인데, 이들 국가를 포함했으면 아마도 결과는 기존 수치보다 더 높은 신뢰도 수준을 보였을 것 같다.

15장 연구자의 쓸모

1. Burawoy, M., "For Public Sociology", *American Sociological Review*, 2005, 70(1): 4-28.

17장 연구 대상자와 연구자 사이

1. 피터 L. 버거·토마스 루크만, 『실재의 사회적 구성: 지식사회학 논고』, 하홍규 옮김, 문학과지성사, 2014.

연구 노트: 불안정노동의 다양성과 액화노동

1. 불안정노동에 대한 그동안의 연구를 정리하면서 나는 '액화노동'이라는 개념을 제안했다. 이 개념을 이론적으로 발전시켜 영문 단행본 *Varieties of Precarity: Melting Labour and the Failure to Protect Workers in the Korean Welfare State*(『불안정노동의 다양성: 액화노동과 한국 복지국가의 실패한 노동자 보호』)를 출간했다(Policy Press, 2023). 이 책에서는 한국 복지국가의 맥락에서 액화노동과 제도 부정합성에 따른 불안정노동의 다양한 양상을 탐

구하고자 했다. 이 연구는 2023년 한중일 국제 사회보장학회에서 기조강연을 통해 처음으로 발표되었고, 같은 해 동아시아 사회정책East Asian Social Policy 국제학술대회에서는 책 출간을 기념하는 세션이 마련되어 발표와 토론이 이어졌다. 또한 이 연구를 통해 2024년 '비판과 대안을 위한 사회복지학회'의 대안 연구상을 수상하기도 했다. 현재 이 연구의 이론적 틀을 활용해 일의 형태 변화에 주목하는 아시아 학자들로 국제적 연구자 네트워크가 결성되었고, 아시아 지역 내 디지털 전환과 불안정노동 그리고 복지국가 개혁에 관한 국제 비교연구가 진행중이다.

2. Bauman, Z., *Work, Consumerism and the New Poor*, Berkshire: Open University Press, 2005.

3. Arendt, H., *The Human Condition*, Chicago: The University of Chicago Press, 1958.

4. 김경일, 『노동』(한국개념사총서 9), 소화, 2014.

5. ILO., "International Classification of Status in Employment(ICSE-18) Manual", International Labour Organization, 2023, 8.

6. Williams, C. C. & Horodnic, I. A., *Dependent Self-employment: Theory, Practice and Policy*, Gloucestershire: Edward Elgar Publishing, 2019.

7. 이승윤·박성준·김규혜, 「플랫폼노동의 정의와 노동권·단결권·사회권 관련 법·제도 비교연구: 한국과 유럽연합을 중심으로」, 『한국사회정책』, 2023, 30(4): 35-69.

8. 닉 서르닉, 『플랫폼 자본주의』, 심성보 옮김, 킹콩북, 2020.

보이지 않는 노동자들
경계 없는 노동, 흔들리는 삶

1판 1쇄 2024년 10월 30일
1판 3쇄 2025년 1월 10일

지은이 이승윤
책임편집 권한라 | 편집 신귀영 이희연
디자인 이혜진 | 저작권 박지영 형소진 최은진 오서영
마케팅 정민호 서지화 한민아 이민경 왕지경 정유진 정경주 김수인 김혜원 김예진
브랜딩 함유지 함근아 박민재 김희숙 이송이 김하연 박다솔 조다현 배진성
제작 강신은 김동욱 이순호 | 제작처 상지사

펴낸곳 (주)문학동네 | 펴낸이 김소영
출판등록 1993년 10월 22일 제2003-000045호
주소 10881 경기도 파주시 회동길 210
전자우편 editor@munhak.com | 대표전화 031)955-8888 | 팩스 031)955-8855
문의전화 031)955-3579(마케팅), 031)955-1905(편집)
문학동네카페 http://cafe.naver.com/mhdn
인스타그램 @munhakdongne | 트위터 @munhakdongne
북클럽문학동네 http://bookclubmunhak.com

ISBN 979-11-416-0794-4 (03300)

www.munhak.com